JN087789

The Pocket Book of Life Insurance and Taxes
Individual Life INSURANCE

生命保険と税金 ポケットブック

〈 個 人 保 険 編 〉

山本英生税理士事務所　山本英生 著

近代セールス社

はじめに

　生命保険商品は個人の生死・疾病罹患などをその主体として開発されたため，他の金融商品と大きく相違する特徴があります。

◆

1．契約期間が長期
　0歳児が終身保険に加入し，100歳を超えて生存すれば，契約は100年超の期間，継続すること。

2．一物数価
　死亡時の保障額，解約時の返戻金額，保険会社が把握している責任準備金など，ひとつの保険契約の価値がいくつもあり，一物数価となっていること。

3．複数人が関係者となる
　生命保険の関係者は，契約者・被保険者・保険金受取人などとなり，死亡保障の場合，被保険者は死亡保険金受取人にはなれないため，必ず複数人が必要となる。また，契約期間中に何度も契約者・保険金受取人の変更が可能であること。

◆

　以上の特徴のため，生命保険の税務の取扱いは金融商品の中でも特殊な取扱いになっています。

　生命保険商品は，保険料の支払いからスタートし，長い契約期間の中で様々なメンテナンス（契約者・受取人等の変更，増額，減額，転換，払済，延長，給付金・保険金の支払いなど）を行い，ゴールである契約の消滅（死亡保険金（給付金），満期保険金，解約など）まで様々な取引があり，これらの取引それぞれに税務関係が発生することになります。しかし，すべてが明確とは言い難い事象もあり，慣習的に行って課税している場合も多くなっていることから，わかりにくいという声もよく聞きます。

　本書は，実務でご活用いただけるように，実際に発生する手続き

などの税務について，個人取引に限定して記載いたしました。ぜ
ひ，実際のお客さまとのコンサルティングの中で疑問に思ったこと
を確認し，正しい説明に基づく，より自信をもった説明をしていた
だければと思います。さらにお客さまから喜ばれるご説明をされる
一助になれば嬉しいです。ぜひ有効にご活用下さい。

　令和2年12月

　　　　　　　　　　　　　　　　　　山本英生税理士事務所
　　　　　　　　　　　　　　　　　　税理士　山本英生

もくじ

第1章

保険料の税務

1-1 生命保険料控除

★要するに

個人が支払った生命保険料は，一般の生命保険料，介護医療保険料，そして個人年金保険料に区分し，一定の金額を所得控除することができる。

平成24（2012）年1月1日以後の生命保険契約等に係る保険料を新契約，平成23（2011）年12月31日以前に締結した保険契約等に係る保険料を旧契約と区分して，生命保険料控除の取扱いが相違する。

★対象生命保険

生命保険料控除には，一般の生命保険料，介護医療保険料，そして個人年金保険料それぞれで条件はあるが，保険期間が5年未満の生命保険などは控除の対象とならない。

★所得税の生命保険料控除額

支払保険料等＝支払った保険料−剰余金（払戻金）

保険料は，主契約または特約の保障内容毎に適用される。

異なる複数の保障内容が一つの契約で締結されている保険契約等は，その保険契約等の主たる保障内容に応じて保険料控除を適用する。

その年に受けた剰余金や割戻金がある場合には，主契約と特約のそれぞれの支払保険料等の金額の比に応じて金額を按分し，それぞれの保険料等の金額から差し引く。

▼新契約（平成24（2012）年1月1日以後）

〔一般の生命保険料，介護医療保険料，個人年金保険料の控除額〕

年間の支払保険料等		控除額
	20,000円以下	支払保険料等の全額
20,000円超	40,000円以下	支払保険料等×1/2＋10,000円
40,000円超	80,000円以下	支払保険料等×1/4＋20,000円
80,000円超		一律40,000円

▼旧契約（平成23（2011）年12月31日以前）

〔一般の生命保険料，個人年金保険料の控除額〕

年間の支払保険料等		控除額
	25,000円以下	支払保険料等の全額
25,000円超	50,000円以下	支払保険料等×1/2＋12,500円
50,000円超	100,000円以下	支払保険料等×1/4＋25,000円
100,000円超		一律50,000円

※旧契約時の医療保険や介護保険は，一般の生命保険料となる。

▼新契約と旧契約の両方に加入

旧契約の保険料	控除額	最高額
60,000円超	旧契約保険料控除計算	50,000円
60,000円以下	新契約保険料控除計算＋旧契約保険料控除計算	40,000円

▼生命保険料控除額

一般の生命保険料・介護医療保険料・個人年金保険料の各控除額の合計額（最高額120,000円）。

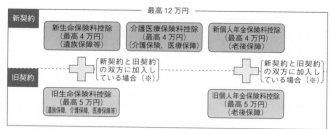

※新契約と旧契約の双方に加入している場合は，旧契約の支払保険料等の金額によって控除額の計算方法が変わる。

★住民税の生命保険料控除

　支払保険料等については所得税と同様。

▼新契約（平成24（2012）年1月1日以後）

〔一般の生命保険料，介護医療保険料，個人年金保険料の控除額〕

年間の支払保険料等		控除額
	12,000円以下	支払保険料等の全額
12,000円超	32,000円以下	支払保険料等×1/2＋6,000円
32,000円超	56,000円以下	支払保険料等×1/4＋14,000円
56,000円超		一律28,000円

▼旧契約（平成23（2011）年12月31日以前）

〔一般の生命保険料，個人年金保険料の控除額〕

年間の支払保険料等		控除額
	15,000円以下	支払保険料等の全額
15,000円超	40,000円以下	支払保険料等×1/2＋7,500円
40,000円超	70,000円以下	支払保険料等×1/4＋17,500円
70,000円超		一律35,000円

※旧契約時の医療保険や介護保険は，一般の生命保険料となる。

▼新契約と旧契約の両方に加入

旧契約の保険料	控除額	最高額
42,000円超	旧契約保険料控除計算	35,000円
42,000円以下	新契約保険料控除計算＋旧契約保険料控除計算	28,000円

▼住民税生命保険料控除額

　一般の生命保険料・介護医療保険料・個人年金保険料の各控除額の合計額（最高額70,000円）。

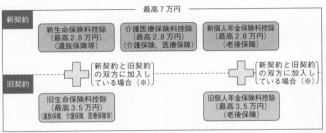

※新契約と旧契約の双方に加入している場合は，旧契約の支払保険料等の金額によって控除額の計算方法が変わる。

〔所得税・住民税軽減額概算早見表〕

家族構成	収入金額	生命保険料控除が適用されていない課税所得	今回新たに4万円 軽減額合計			今回新たに8万円 軽減額合計			今回新たに12万円 軽減額合計		
			①+②	①所得税	②住民税	①+②	①所得税	②住民税	①+②	①所得税	②住民税
単身者	300	1,090,000	4,800	2,000	2,800	9,700	4,100	5,600	13,100	6,100	7,000
	400	1,680,000	4,800	2,000	2,800	9,700	4,100	5,600	13,100	6,100	7,000
	500	2,330,000	6,900	4,100	2,800	13,800	8,200	5,600	19,300	12,300	7,000
	700	3,670,000	11,000	8,200	2,800	21,900	16,300	5,600	31,500	24,500	7,000
	1,000	6,190,000	11,000	8,200	2,800	22,000	16,400	5,600	31,500	24,500	7,000
	1,500	11,040,000	16,300	13,500	2,800	32,600	27,000	5,600	47,400	40,400	7,000
夫婦	300	710,000	4,800	2,000	2,800	9,700	4,100	5,600	13,100	6,100	7,000
	500	1,950,000	4,800	2,000	2,800	9,700	4,100	5,600	13,100	6,100	7,000
	700	3,290,000	6,900	4,100	2,800	13,800	8,200	5,600	19,200	12,200	7,000
	1,000	5,810,000	11,000	8,200	2,800	22,000	16,400	5,600	31,500	24,500	7,000
	1,500	11,040,000	16,300	13,500	2,800	32,600	27,000	5,600	47,400	40,400	7,000
	2,000	15,950,000	16,200	13,400	2,800	32,500	26,900	5,600	47,400	40,400	7,000
夫婦+子供1人	300	330,000	4,800	2,000	2,800	9,700	4,100	5,600	13,100	6,100	7,000
	500	1,570,000	4,800	2,000	2,800	9,700	4,100	5,600	13,100	6,100	7,000
	700	2,910,000	6,900	4,100	2,800	13,800	8,200	5,600	19,200	12,200	7,000
	1,000	5,280,000	10,900	8,100	2,800	21,900	16,300	5,600	31,500	24,500	7,000
	1,500	10,510,000	16,200	13,400	2,800	32,500	26,900	5,600	47,400	40,400	7,000
	2,000	15,420,000	16,300	13,500	2,800	32,600	27,000	5,600	47,500	40,500	7,000
夫婦+子供2人	400	290,000	4,900	2,100	2,800	9,700	4,100	5,600	13,200	6,200	7,000
	500	940,000	4,800	2,000	2,800	9,600	4,100	5,600	13,100	6,100	7,000
	700	2,280,000	6,900	4,100	2,800	13,800	8,200	5,600	19,300	12,300	7,000
	1,000	4,650,000	11,000	8,200	2,800	21,900	16,300	5,600	31,500	24,500	7,000
	1,500	9,880,000	16,300	13,500	2,800	32,600	27,000	5,600	47,500	40,500	7,000
	2,000	14,790,000	16,300	13,500	2,800	32,600	27,000	5,600	47,400	40,400	7,000

※1　社会保険料控除は財務省試算用指数。
※2　住民税の均等割は5,000円として試算。
※3　課税所得は1,000円未満を切捨て，税額は100円未満を切捨て。
※4　課税所得の列は所得税の課税所得を表示。
※5　給与所得控除・所得金額調整控除・社会保険料控除・生命保険料控除・配偶者控除（所得税38万円・住民税33万円）・扶養控除（一般16-18歳（所得税38万円・住民税33万円）特定19-22歳（所得税63万円・住民税45万円）・基礎控除（所得税48万円・住民税43万円）を差し引いて算出。
※6　子供は，1人は一般の扶養控除，2人は一般と特定扶養控除が1人ずつとして算出。

1-2　一般の生命保険料控除

★要するに

　生命保険料控除の中には，一般の生命保険契約等，介護医療保険契約等および個人年金保険契約等の３種類がある。

★一般の生命保険料控除の対象になる契約

▼平成24（2012）年１月１日以後締結の保険契約（新生命保険料）

・保険金等の受取人のすべてが，保険料等の払込みをする本人またはその配偶者その他の親族となる保険契約。

・生命保険会社または外国生命保険会社等と締結した生存または死亡に基因して一定額の保険金が支払われる保険契約。

・旧簡易生命保険契約のうち生存または死亡に基因して一定額の保険金等が支払われる保険契約。

・農業協同組合と締結した生命共済契約その他これに類する共済に係る契約のうち生存または死亡に基因して一定額の保険金等が支払われる保険契約。

・確定給付企業年金に係る規約または適格退職年金契約。

▼平成23（2011）年12月31日以前締結の保険契約（旧生命保険料）

・保険金等の受取人のすべてが，保険料等の払込みをする本人またはその配偶者その他の親族となる保険契約。

・生命保険会社または外国生命保険会社等と締結した生存または死亡に基因して一定額の保険金等が支払われる保険契約。

・旧簡易生命保険契約。

・農業協同組合と締結した生命共済に係る契約その他これに類する共済に係る契約。

・生命保険会社，外国生命保険会社等，損害保険会社または外国損害保険会社等と締結した身体の疾病または身体の傷害その他これらに類する事由に基因して保険金等が支払われる保険契約のうち，医療費支払事由に基因して保険金等が支払われる保険契約。

・確定給付企業年金に係る規約または適格退職年金契約。

(注) 該当しない保険契約

・保険期間が５年未満の契約で，いわゆる貯蓄保険や貯蓄共済は含まない。

・外国生命保険会社等または外国損害保険会社等と国外において締結した保険契約。

・信用保険契約，傷害保険契約，財形貯蓄契約，財形住宅貯蓄契約，財形年金貯蓄契約。

★保険商品

・定期保険，収入保障保険

・終身保険

・養老保険

・学資保険

・変額個人年金保険・外貨建て個人年金保険

旧契約では対象となっていた以下の商品は，新契約では対象とならない点に注意。

・傷害保険

損害保険会社での契約であっても一般の生命保険料控除の対象になる商品もあったが，介護医療保険料控除で第三分野の保険の控除となったため，一般の生命保険料控除は第一分野の保険，つまり生命保険会社の保険となった。

1-3　個人年金保険料控除

★要するに

　生命保険料控除の中には，一般の生命保険契約等，介護医療保険契約等及び個人年金保険契約等の３種類がある。所得税の個人年金保険料控除は昭和59（1984）年に５千円で設立され，平成２（1990）年に５万円となる。その際，商品内容だけでなく，契約内容，さらには保全にも厳しい制限が示されている。平成24（2012）年からは４万円となっている。☞所得税法第76条（90頁），所得税法施行令第209条（101頁），同第211条（101頁），同第212条（103頁）

★個人年金保険料控除の対象になる契約

　年金（退職年金を除く）を給付する保険契約等（または他の保険契約等に附帯して締結した契約）が対象となる。

・年金受取人は，保険料もしくは掛金の払込みをする者，またはその配偶者となっている契約。
・保険料等は，年金の支払を受けるまでに10年以上の期間にわたって，定期に支払う契約。
・年金受取人と被保険者が同一人となっている契約。
・年金の支払は，年金受取人の年齢が原則として満60歳になってから支払うとされている10年以上の定期，または終身の年金。

(注) 平成24（2012）年１月１日以後締結の保険契約（新個人年金保険料）の場合は，被保険者等の重度の障害を原因として年金支払を開始する10年以上の定期年金，または終身年金も対象。

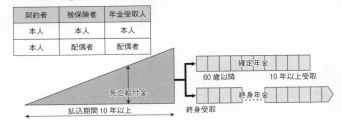

契約者	被保険者	年金受取人
本人	本人	本人
本人	配偶者	配偶者

13

個人年金に疾病や死亡などの特約が付加されている場合は，それぞれその内容によって一般の生命保険料控除や介護医療保険料控除の対象となる。

　商品として，死亡給付金が逓増していくことが求められており，変額年金・外貨建年金などは該当しないとされている。

　また，年金控除を受けるためには，契約の取扱いに制限を設けることが求められており，そのため各生命保険会社は「個人年金税制適格特約」を設け，この特約を付加することで控除を認めている。

＜適格特約の保全取扱いの内容＞

①社員配当金，減額時の返戻金などの支払は年金開始時に付利をして年金買増に充当。

②貸付金の残額が第1回年金を上回る場合，年金開始日の前日に精算し契約は消滅（保証期間付終身年金の場合は，保証期間の一括請求額と精算し，保証期間終了後に年金開始）。

③払済年金保険への変更は，契約日から10年以上経過後のみ。

④保険料払込期間，年金種類，年金支払期間の変更は，変更後も税制適格条件に一致のこと。

⑤保険契約者は，年金受取人を変更不可。

　つまり，契約者が保険料の支払の継続が厳しくなり，年金の減額，さらには付加された特約の減額や解約などを行った場合にも，その返戻金は受け取ることができず年金開始時に年金買増に充てられることになる点や，契約後10年間は払済年金にできない，さらには貸付金の金額によっては年金での受取ができないなど，他の商品とは大きく違う保全取扱いとなる。

　また，保険料負担者と被保険者が別人で個人年金控除を受けるために年金受取人を被保険者同一とした場合，年金開始時に保険料負担者から年金受取人に対して年金の受給権が贈与となる。さらには，年金受取人の変更もできないため，この契約形態で年金が開始されると贈与税が課税されるケースもあるので，この点にも注意が必要。

★配当金の取扱い

　個人年金保険料控除の対象の契約は，配当金の引出しができないため，支払った生命保険料から差し引く必要はない。

1-4 介護医療保険料控除

★要するに

　生命保険料控除の中には，一般の生命保険契約等，介護医療保険契約等及び個人年金保険契約等の３種類がある。

　介護医療保険料控除は，生命保険会社または損害保険会社が締結する介護・医療にかかる一定の生命保険契約に対して，平成24（2012）年に設立された。この設定でそれまでは一般の生命保険料控除とされていた保険の一部が介護医療保険料控除とされた。☞所得税法第76条（90頁），所得税法施行令第209条（101頁）

★介護医療保険料控除の対象となる契約

　介護医療保険契約等にかかる保険のうち，医療費等を支払ったことを支払事由として保険金・共済金などが支払われる保険が対象となる。

・疾病または身体の傷害を原因として医療費などを支払う保険。
　☞医療費用保険・介護医療保険
・疾病または身体の傷害またはこれを原因とする人の状態に対する保険。
　☞医療保険・介護保険・がん保険
・疾病または身体の障害により就業することができなくなることに対する保険。
　☞所得補償保険

★介護医療保険料控除の対象とならない契約
▼いわゆる死亡保険金や生存保険金が支払われる契約

　ただし，生存または死亡保障の保険金と，疾病や身体の傷害などの保障の保険金が一体となって支払われる組込型保険は以下の条件の場合，保険料を介護医療保険料控除の対象とすることができる。

・死亡保険金が入院給付金の100倍までであること。
・死亡保険金が支払った保険料累計額までであること。

・がん保険金または介護保険金などの5分の1を超えないこと。
・身体の傷害のみを保障対象とする契約。
　　☞傷害保険
・外国への旅行中の疾病・傷害に対する契約。
　　☞海外旅行保険
・保険期間が5年未満で，保険期間満了時に生存給付金を支払う，または，満了時の生存給付金および保障期間中に災害，感染症の予防，感染症の患者に対する医療に関する法律に規定する一類・二類感染など特別な事由により死亡した場合のみを保険金を支払う契約。
　　☞特定保険契約

★配当金の取扱い

　介護医療保険料控除と一般生命保険控除の保険が特約などで一体化した保険で配当金を受け取った場合，介護医療保険料控除の控除額は保険料按分で控除額を計算する。

> 介護医療保険料控除から差し引く配当金＝
> 　　　　受け取った配当金×介護医療保険契約に係る金額÷支払保険料

生命保険料控除の特殊ケース

★要するに

　保険料の支払方法によって控除額の取扱いが相違するので，注意が必要となる。☞所得税法第76条（90頁），所得税基本通達76-3（107頁）

★個別取扱い

▼払方別の保険料の取扱い

　月払・半年払・年払・一時払の保険料については，それぞれその支払った日の年の生命保険料控除となる。

　同様に，保険料頭金制度（特約の一部が一時払）や，ボーナス払併用制度などの場合も，それぞれ支払った日の年の生命保険料控除の対象となる。

▼前納保険料の取扱い

　保険料をまとめて支払う前納制度を活用して支払った前納保険料の場合には，支払った保険料のうち，その年に対応する保険料が生命保険料控除の対象となる。

　前納の場合は，実際に支払う保険料は前納割引をされた保険料となり，控除の金額は実際支払った保険料を基に計算される。

> 生命保険料控除の金額＝前納保険料の全額
> 　　　　　　　　×その年中に到来する払込期月の回数÷前納期間の総回数

　全期前納の場合も，その保険料払込期間で按分して生命保険料控除を受けることができる。

▼自動振替貸付の保険料の取扱い

　契約者が保険料を猶予期間に支払うことができず自動振替貸付制度を活用して保険料を支払った場合は，その支払った年の生命保険料控除の対象となる。

　この自動振替貸付を以降に返済しても，その返済した年の生命保険料控除の対象とはならないことに注意。

▼猶予期間・失効期間そして復活

　猶予期間，失効期間に保険料が支払われていない場合，実際には
その対応する保険料は支払われていないので，払込期月は到来して
いるが，生命保険料控除の金額には含まれない。

　また，その保険を復活するために，復活保険料として対応すべき
期間分の保険料と延滞保険料を支払った場合，その全額がその支
払った日の属する年の生命保険料控除となる。

▼転換時の保険料控除

　今までの契約を転換した場合は，旧契約から新契約に転換価格が
移転される。転換前契約で配当金を積立配当金等とした場合には，
この金額が含まれる。

　旧契約が毎年の生命保険料控除を受ける際に，割当を受けた配当
金は差し引かれており，その分だけ控除額が少なくなっている。そ
こで，この転換価格に含まれる積立配当金部分は，転換後の契約の
一時払保険料として充当されたとし，転換後契約として支払われる
保険料と合わせてその年の生命保険料控除となる。

▼配当金と保険料控除

　配当金はその受取方法によって，支払った生命保険料からその金
額を差し引くか，差し引かないかが決定する。

　一般的には，その年に受け取ることができない配当金は差し引く
必要がなく，受け取ることができる配当金は差し引くこととなる。

　現金配当・積立配当・保険料相殺などは，その金額を差し引いた
金額が生命保険料控除の対象となり，増加保険金（年金）買増など
の対象となる場合には，その金額を差し引く必要はなく支払った保
険料がそのまま生命保険料控除の対象になる。

▼キャッシュバックなどがある場合

　保険商品によって様々ではあるが，一般的にはキャッシュバック
などは配当金と同様の位置づけとされており，そのまま受け取る，
または積み立てておくを選択するが，どちらも現金配当と積立配当
と同様とし，受け取った金額を支払った保険料から差し引いて生命
保険料控除の金額とする。

第2章

保険金・年金等の税務

死亡保険金の受取

★要するに

　被保険者が死亡した場合，死亡保険金が支払われる。生命保険は，この死亡保険金が契約者（保険料負担者）・被保険者・死亡保険金受取人の関係で課税が相違する。

　生命保険の場合は一般的には被保険者と死亡保険金受取人が同一人ということはなく，必ず複数の人が関係することとなる。この関係を確認し，課税について考えることが必要。

★死亡保険金

　被保険者が死亡することで受け取ることができる死亡保険金は，あらかじめ定めていた死亡保険金の金額に対して，契約が消滅することで同時に支払われたり，控除されたりする場合がある。

〔死亡保険金から追加・差引される一覧と取扱い〕

	項目	内容	死亡保険金
追加	前納保険料の未経過分	前納した保険料の未経過分は返金される。	死亡保険金に加算
	新年払・半年払の未経過保険料	平成7（1995）年（保険業法改正）からの年払・半年払は月按分して未経過分は返金される。	死亡保険金に加算
	積立配当金	契約者が受け取っていない配当金は死亡保険金と同時に支払われる。	死亡保険金に加算
	死亡前に支払われるべき給付金等	被保険者が請求しないで死亡した場合，死亡時に同時に支払われる。	死亡保険金とは区別して本来の相続財産に加算
差引	未入の生命保険料	死亡時までの未払保険料を差し引く。	死亡保険金から差引
	契約者貸付金・自動振替貸付金等	死亡時までに返済されていない契約者貸付金・自動振替貸付金の元利合計額。	死亡保険金から差引

★課税の概要

〔死亡保険金にかかる税金について〕

パターン	契約者	被保険者	死亡保険金受取人	税金の種類
①	A （本人）	A （本人）	B（本人以外・ 相続人）	相続税・非課税有
	A （本人）	A （本人）	D（本人以外・ 相続人以外）	相続税・非課税無
②	A （本人）	B （本人以外）	A（本人）	所得税（一時所得）・ 住民税
③	A （本人）	B （本人以外）	C（本人以外・ 被保険者以外）	贈与税

▼パターン①

契約者（保険料負担者）と被保険者が同一人で，死亡保険金受取人が本人以外の場合は，誰が受け取っても相続税の課税対象となる。

死亡保険金受取人が被保険者の法定相続人の場合には，相続税の保険金の非課税が活用できる。

> 非課税非対象の場合：相続税の課税対象＝死亡保険金
> 非課税の対象の場合：相続税の課税対象＝死亡保険金－死亡保険金の非課税限度額(500万円×法定相続人の数)

▼パターン②

契約者（保険料負担者）と死亡保険金受取人が同一人の場合は，所得税（一時所得）・住民税の課税対象となる。

> 所得税（一時所得）・住民税の課税対象＝
> ｛死亡保険金－正味払込保険料総額－特別控除額（50万円)※｝×1/2

※その年の他の一時所得の金額と合算する。

▼パターン③

契約者（保険料負担者），被保険者，死亡保険金受取人が別人の場合には，死亡保険金受取人が受け取った死亡保険金は贈与税の課税対象となる。

> 贈与税の課税対象＝死亡保険金－基礎控除額(110万円)※

※その年の他の贈与税の課税対象の金額と合算する。

2-2　死亡保険金—相続税—

★要するに

　契約者（保険料負担者）と被保険者が同一人で，死亡保険金受取人が本人以外の場合は，誰が受け取っても相続税の課税対象となる。

　死亡保険金受取人が被保険者の法定相続人の場合には，相続税の保険金の非課税限度額が活用できる。☞相続税法第12条（114頁）

★死亡保険金の取扱い

契約者	被保険者	死亡保険金受取人	税金の種類
A（本人）	A（本人）	B（本人以外・相続人）	相続税・非課税有

　死亡保険金受取人が相続人の場合には，死亡保険金の非課税限度額を活用することが可能。

> 保険金の非課税限度額＝500万円×法定相続人の数

▼死亡保険金受取人の相続人の範囲

　相続財産を受け取ることができる相続人。

　ただし，相続の放棄をした人や相続権を失った人は含まれない。

優先順位	血族の種類
第1順位	子および代襲相続人
第2順位	両親などの直系尊属
第3順位	兄弟姉妹および代襲相続人

▼法定相続人の数

　相続の放棄をした人がいても，その放棄がなかったものとした場合の相続人の数とする。法定相続人の中に養子がいる場合には，法定相続人の数に含める養子の数は，実子がいるときは1人，実子がいないときは2人まで。なお，特別養子縁組の養子や配偶者の実子の養子など相続する際に実の子供として取り扱われる養子は，すべて法定相続人の数に含まれる。

★相続人毎の非課税計算

各相続人一人ひとりに課税される金額は，次の算式によって計算した金額となる。

$$\left[\begin{array}{l}\text{その相続人が}\\\text{受け取った生命}\\\text{保険金の金額}\end{array} - (\text{非課税限度額})\right] \times \dfrac{\text{その相続人が受け取った生命保険金の金額}}{\text{すべての相続人が受け取った生命保険金の合計額}} = \begin{array}{l}\text{その相続人の}\\\text{課税される生命}\\\text{保険金の金額}\end{array}$$

契約者	被保険者	死亡保険金受取人	税金の種類
A（本人）	A（本人）	D（本人以外・相続人以外）	相続税・非課税無

相続人以外が受け取った死亡保険金は，死亡保険金の非課税限度額の活用はできない。

相続税の計算上は，被相続人の財産として加算して相続税計算を行う。

契約者	被保険者	死亡保険金受取人	税金の種類
A（本人）	A（本人）	A（本人）	相続税・非課税有

本来は，死亡保険金は被保険者が死亡した場合，その被保険者本人は受け取ることができないため，死亡保険金受取人が被保険者と同一人ということは発生しない。しかし，借入金の保証債務として被保険者の死亡時の質権設定などによる場合には，このような取扱いも発生する。

この場合は，実際は死亡保険金受取人を被保険者の法定相続人と指定している場合と同様に取り扱うとされている。

★課税額の例

死亡保険金額	法定相続人		相続財産（保険金を除く）					
	配偶者	子供	2,000万円	5,000万円	10,000万円	15,000万円	20,000万円	25,000万円
3,000万円	あり	1人	0	120	195	300	300	400
		2人	0	75	121	168	187	262
	なし	1人	90	420	750	1,000	1,000	1,125
		2人	0	240	390	600	600	800
5,000万円	あり	1人	90	270	395	600	600	800
		2人	35	196	296	415	437	612
	なし	1人	385	910	1,440	1,800	1,845	2,025
		2人	180	540	790	1,200	1,200	1,600

Column 保険のキホン　大数の法則

　大数の法則（たいすうのほうそく，英：Law of Large Numbers, LLN）は，確率論や統計学の基本的な定理のひとつである。生命保険の商品を作るうえで必要な生命表が，この大数の法則に基づいて作成されている。

　基本的なことは，小学校時代の実験に似ている。サイコロを振り続け，出た目を記録しながら繰り返し行ってみると，何度も繰り返すことでサイコロの目はどれも平均して6分の1出ることになる。これが大数の法則である。同様のことは，コインの裏表やトランプのカードなどでも言える。

　生命保険は，この大数の法則を保険事象の発生率に応用している。例えば，死亡保障で言えば，人の亡くなる割合を性別・年齢別に多くのデータを集めることで，一定の割合になる。同様に様々な病気の発生率や事故率など生命保険の商品を作る基礎データを解析する際に活用する考え方である。

死亡保険金 −所得税−

★要するに

　契約者（保険料負担者）と死亡保険金受取人が同一人で，被保険者が本人以外の場合は所得税・住民税の課税対象となる。

　死亡保険金を受け取った本人が保険料を支払っていることから，所得税・住民税の課税対象となる。所得税は一時所得に区分される。

★死亡保険金の取扱い

契約者	被保険者	死亡保険金受取人	税金の種類
A（本人）	B（本人以外・相続人）	A（本人）	所得税・住民税

　死亡保険金受取人は，受け取った年の一時所得として課税される。一時所得の金額は，その死亡保険金以外に他の一時所得がないとすれば，受け取った保険金の総額から既に払い込んだ保険料を差し引き，そこから一時所得の特別控除額50万円を差し引いた金額となる。課税対象は，この金額を２分の１にした金額となる。

　一時所得とは，営利を目的とした継続的な行為から生まれた所得以外で，労務や役務の対価としての性質や資産の譲渡による対価ではない一時の所得とされている。（所得の中で，利子所得・配当所得・不動産所得・事業所得・給与所得・退職所得・山林所得・譲渡所得の８所得以外の一時金で受け取る所得となる）。
・懸賞や福引きの賞金品（業務に関して受けるもの以外）
・競馬や競輪の払戻金
・生命保険の一時金（業務に関して受けるもの以外），損害保険の満期返戻金等
・法人から贈与された金品（業務に関して受けるものや継続的に受けるもの以外）
・遺失物拾得者や埋蔵物発見者の受ける報労金等
　これらを合計して課税される。

$$\left[\begin{array}{c}\text{一時所得} \\ \text{扱いとなる} \\ \text{その年中の} \\ \text{総収入金額}\end{array} - \begin{array}{c}\text{収入を得る} \\ \text{ために支出} \\ \text{した金額}\end{array}\right] - \begin{array}{c}\text{一時所得の} \\ \text{特別控除額} \\ \text{50万円}\end{array} = \begin{array}{c}\text{一時所得の} \\ \text{金額}\end{array}$$

一時所得の金額 ×1/2＝一時所得の課税額

▼死亡保険金の一時所得の金額

> 死亡保険金受取額－正味払込保険料合計－特別控除＝一時所得の金額

〔配当金の取扱い〕

・現金払の場合

> 保険金受取額－（払込保険料合計額－受取済配当金）－特別控除

・積立配当金の場合

> （死亡保険金＋積立配当金）－払込保険料合計額－特別控除

・保険金買増の場合

> （死亡保険金＋買増保険金）－払込保険料合計額－特別控除

〔契約者貸付金・保険料振替貸付の残高の取扱い〕

> （死亡保険金－貸付金元利合計額）－払込保険料合計額－特別控除

〔転換後契約の取扱い〕

> 死亡保険金－（転換前＋転換後正味払込保険料合計）－特別控除

〔受取人が複数名の取扱い〕

> 死亡保険金の受取割合で正味払込保険料合計を按分

★課税額の例

死亡保険金額	正味払込保険料	課税所得金額（所得控除後）						
		300万円	400万円	500万円	600万円	700万円	1,000万円	1,500万円
3,000万円	120万円	400	418	438	459	479	521	556
	750万円	294	311	324	337	350	392	427
	1,500万円	168	184	197	210	224	244	275
5,000万円	200万円	786	810	830	851	871	913	949
	1,250万円	572	595	616	636	657	698	734
	2,500万円	336	353	366	381	401	443	479

2-4　死亡保険金−贈与税−

★要するに

　契約者（保険料負担者），被保険者，死亡保険金受取人がすべて別人の場合，死亡保険金受取人が受け取った保険金は，贈与税の課税対象となる。

　保険料を支払った本人が生存中に，死亡保険金をその死亡保険金受取人が受け取ったことから，贈与税の課税対象となる。

★死亡保険金の取扱い

契約者	被保険者	死亡保険金受取人	税金の種類
A（本人）	B（本人以外）	C（本人以外・被保険者以外）	贈与税

　死亡保険金受取人は，贈与税として課税される。

　贈与税の金額は，その死亡保険金以外にその年の1月1日から12月31日までの1年間に贈与で受け取った金額を合計して計算する。

　贈与として受け取った合計額から基礎控除額110万円を差し引き，その残額に税率を乗じて税額を計算する。

> 贈与税の課税対象＝その年中に受け取った贈与額−基礎控除110万円

　贈与税は，贈与者と被贈与者との関係で，贈与税の課税対象に乗じる贈与税率が相違する。

〔贈与税速算表〕

基礎控除後の課税価格	一般贈与財産用 (一般税率)		特例贈与財産用 (特例税率)	
	税率	控除額	税率	控除額
200万円以下	10%	−	10%	−
300万円以下	15%	10万円	15%	10万円
400万円以下	20%	25万円		
600万円以下	30%	65万円	20%	30万円
1,000万円以下	40%	125万円	30%	90万円
1,500万円以下	45%	175万円	40%	190万円
3,000万円以下	50%	250万円	45%	265万円
4,500万円以下	55%	400万円	50%	415万円
4,500万円超			55%	640万円

※一般の贈与：契約者と死亡保険金受取人の関係が兄弟，夫婦，親と子（未成年者）など。

※特例贈与：契約者を直系尊属（祖父母や父母など）とし，その死亡保険金受取人が受け取った年の1月1日において20歳以上の者（子・孫など）。

★課税額の例

死亡保険金額	直系尊属から20歳以上	左記以外
3,000万円	1,035	1,195
5,000万円	2,049	2,289

2-5 死亡保険金－年金受取－

★要するに

　被保険者が死亡した場合，死亡保険金が支払われる。この死亡保険金を一時金ではなく，年金で支払われることを契約者があらかじめ決めておくことで，死亡保険金は年金で死亡保険金受取人に支払われる。年金で受け取る死亡保険金は，契約者（保険料負担者）・被保険者・死亡保険金受取人の関係で課税が相違する。

★死亡で受け取る年金

　死亡で受け取る年金は，契約者が年金で受け取ることをあらかじめ決めて死亡保険金受取人が受け取った場合と，死亡保険金受取人が一時金で受け取ることに代えて年金で受け取る場合の課税については，取扱いが相違する。

★契約者が年金受取を選択

〔年金で受け取る場合の課税〕

パターン	契約者	被保険者	死亡保険金受取人	課税	
				死亡時	年金受取時
①	A（本人）	A（本人）	B（本人以外・相続人）	年金受給権に相続税（非課税有）	受給権との差額所得税（雑所得）・住民税
	A（本人）	A（本人）	D（本人以外・相続人以外）	年金受給権に相続税（非課税無）	受給権との差額所得税（雑所得）・住民税
②	A（本人）	B（本人以外）	A（本人）	なし	保険料との差額所得税（雑所得）・住民税
③	A（本人）	B（本人以外）	C（本人以外・被保険者以外）	年金受給権に贈与税	受給権との差額所得税（雑所得）・住民税

▼死亡時の年金受給権の課税（パターン①・③）

　相続税や贈与税の課税対象となる年金受給権は，有期で受け取ることができる年金の場合は以下の計算式で算出する。

・有期定期金：年金受給権の評価（平成22（2010）年税制改正）

❶解約返戻金の金額
❷定期金に代えて一時金の給付を受けられる場合には当該一時金の金額
❸定期金の給付を受ける残存期間に応じ，給付を受ける金額の一年当たりの平均額に，予定利率による複利年金現価率を乗じた金額
※❶〜❸のいずれか多い金額。
※予定利率は契約の予定利率で，端数処理はしない。

　この受給権に対して死亡保険金受取人が法定相続人の場合は，一時金で受け取る保険金と同様に相続税の非課税限度額が活用できる。

▼年金を受け取った時の課税

・契約者＝年金受取人の場合（パターン②）

▽雑所得（公的年金等以外）

雑所得の金額＝総収入金額[※1]－必要経費[※2]

※1　総収入金額＝基本年金額＋増額年金額＋増加年金額
※2　必要経費＝その年に支給される年金の額×払込保険料等の総額÷年金支給総額（見込額）

▽個人年金の課税と同様（☞43頁参照）

▽源泉徴収（雑所得の金額が25万円以上）

（年金の額－必要経費）×10.21%

・契約者≠年金受取人の場合（パターン①・③）

▽雑所得（公的年金等以外）

▽雑所得の金額：年金支給初年☞全額非課税

2年目以降☞課税部分が階段状に増加

雑所得の金額＝各年分の総収入金額[※1]－必要経費[※7]

※1　各年分の総収入金額＝1課税単位当たりの金額[※2]×経過年数
※2　1課税単位当たりの金額＝課税部分の金額[※3]÷課税単位数[※6]
※3　課税部分の金額＝支払金額×課税割合[※4]
※4　課税割合：相続税評価割合[※5]に応じた算出
※5　相続税評価割合＝相続税評価額÷年金の支払総額（総額見込額）

相続税評価割合	課税割合	相続税評価割合	課税割合	相続税評価割合	課税割合
50%超 55%以下	45%	70%超 75%以下	25%	86%超 89%以下	11%
55%超 60%以下	40%	75%超 80%以下	20%	89%超 92%以下	8%
60%超 65%以下	35%	80%超 83%以下	17%	92%超 95%以下	5%
65%超 70%以下	30%	83%超 86%以下	14%	95%超 98%以下	2%
				98%超	0

※6 課税単位数=残存期間年数×(残存期間年数-1年)÷2

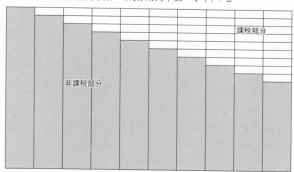

支払期間 1年目 2年目 3年目 4年目 5年目 6年目 7年目 8年目 9年目 10年目
経過年数   1年 2年 3年 4年 5年 6年 7年 8年 9年

※7 必要経費=各年分の総収入金額×必要経費割合※8
※8 必要経費割合=保険料総額÷支払総額

▽源泉徴収はない

(例) 死亡保険金を支払期間10年確定年金で受け取ったケース

- ・年金年額:100万円
- ・保険料総額:200万円
- ・年金受給権の評価:900万円
- ・相続税評価割合=相続税評価額(900万円)÷年金の支払総額(総額見込額1,000万円)
  ☞相続税評価割合:90%
- ・課税割合:上表(相続税評価割合)で確認 ☞相続税評価割合90%⇒課税割合8%
- ・課税部分の金額(80万円)=支払金額(1,000万円)×課税割合(8%)
- ・1課税単位当たりの金額(1.8万円)=
  課税部分(80万円)÷課税単位数(〈10×(10-1)〉÷2=45)
- ・必要経費割合(20%)=支払保険料(200万円)÷受取総額(1,000万円)
- ・各年における税額

1年目	課税なし
2年目	1.8万円×(2-1)-(1.8万円×(2-1))×20%=1.44万円

3年目	1.8万円×（3－1）－（1.8万円×（3－1））×20%＝2.88万円
4年目	1.8万円×（4－1）－（1.8万円×（4－1））×20%＝4.32万円
5年目	1.8万円×（5－1）－（1.8万円×（5－1））×20%＝5.76万円
6年目	1.8万円×（6－1）－（1.8万円×（6－1））×20%＝7.2万円
7年目	1.8万円×（7－1）－（1.8万円×（7－1））×20%＝8.64万円
8年目	1.8万円×（8－1）－（1.8万円×（8－1））×20%＝10.08万円
9年目	1.8万円×（9－1）－（1.8万円×（9－1））×20%＝11.52万円
10年目	1.8万円×（10－1）－（1.8万円×（10－1））×20%＝12.96万円

★留意点

　2010年7月6日の最高裁判決（収入保障保険の二重課税問題）があり，2010年10月20日「生保年金最高裁判決への対応等について」（☞108頁）で上記の取扱いに変更された。なお，その際に過去5年以内分に遡って納税者への還付対応も行われた。

　また，死亡時の年金受給権についても相続税法第24条（☞115頁）が2011年4月1日以降に相続もしくは遺贈について適用された（2010年3月31日以前に締結した契約は，2011年3月31日以前に相続・贈与があった場合，旧法）。

★年金受取人が年金受取を選択

　死亡時は，一時金と同様の課税となる。年金受取の際には，受け取った死亡保険金を必要経費とし，年金受取額との差額を，雑所得として課税。この年金を据置した場合も，利息通知に対しては毎年の雑所得の課税。

▼雑所得（公的年金等以外）

・雑所得の金額＝総収入金額[※1]－必要経費[※2]

※1　総収入金額＝受取年金額
※2　必要経費＝その年に支給される年金の額×死亡保険金額÷年金支給総額（見込額）

★要するに

養老保険で保険期間満了まで被保険者が生存した場合，生存保険金が支払われる。養老保険の場合，この生存保険金が契約者（保険料負担者）・生存保険金受取人の関係で課税が相違する。生存保険金・生存保険金受取人のことを，一般的には満期保険金・満期保険金受取人と呼称する。

★満期保険金

保険期間満了時に被保険者が生存していることで受け取ることができる満期（生存）保険金は，満期保険金の金額に対して，契約が消滅することで同時に支払われたり，控除されたりする場合がある。

〔満期保険金に追加・差引される一覧と取扱い〕

	項目	内容
追加	前納保険料の精算金	保険料を前納すると，前納時の前納割引率と実際の前納積立率との差額が返金される。
	積立配当金	契約者が受け取っていない配当金は，満期保険金と同時に支払われる。
差引	未入の生命保険料	満期時までの未払保険料を差し引く。
	契約者貸付金・自動振替貸付金等	満期時までに返済されていない契約者貸付金・自動振替貸付金の元利合計額を差し引く。

★課税の概要

〔満期保険金にかかる税金について〕

パターン	契約者	被保険者	満期保険金受取人	税金の種類
①	A（本人）	A（本人）	A（本人）	所得税（一時所得）・住民税
	A（本人）	B（本人以外）	A（本人）	
②	A（本人）	A（本人）	B（本人以外）	贈与税
	A（本人）	B（本人以外）	B（本人以外）	
	A（本人）	B（本人以外）	C（本人以外・被保険者以外）	

▼パターン①

契約者（保険料負担者）と満期保険金受取人が同一人の場合は，所得税（一時所得）・住民税の課税対象となる。

> 所得税(一時所得)・住民税の課税対象 = |死亡保険金 − 正味払込保険料総額 − 特別控除額(50万円)※| ×1/2

※その年の他の一時所得の金額と合算する。

▼パターン②

契約者（保険料負担者），満期保険金受取人が別人の場合には，満期保険金受取人が受け取った満期保険金は，贈与税の課税対象となる。

> 贈与税の課税対象 = 満期保険金 − 基礎控除額(110万円)※

※その年の他の贈与税の課税対象の金額と合算する。

★課税額の例

〔満期保険金の所得税の課税額〕

満期保険金額	正味払込保険料	課税所得金額 (所得控除後)						
		300万円	400万円	500万円	600万円	700万円	1,000万円	1,500万円
500万円	350万円	7.15	10.21	10.21	10.21	11.74	16.85	16.85
	400万円	2.55	5.10	5.10	5.10	5.87	8.42	8.43
	450万円	0	0	0	0	0	0	0
1,000万円	700万円	22.46	25.52	25.52	26.44	29.35	42.12	42.12
	800万円	12.25	15.31	15.31	15.31	17.61	25.27	25.27
	900万円	2.55	5.10	5.10	5.10	5.87	8.42	8.43
2,000万円	1,400万円	53.09	56.15	58.60	61.67	72.24	92.66	92.66
	1,600万円	32.67	35.73	35.73	38.18	41.10	58.96	58.96
	1,800万円	12.25	15.31	15.31	15.31	17.61	25.27	25.27

〔満期保険金の贈与税の課税例〕

満期保険金額	右記以外	直系尊属から20歳以上
500万円	53	48
1,000万円	231	177
2,000万円	695	585

★要するに

　被保険者が保険期間満了まで生存した場合，生存（満期）保険金が支払われる。この満期保険金を一時金ではなく，年金で支払われることを契約者が当初から決めておくことで，満期保険金は年金として満期保険金受取人に支払われる。年金で受け取る満期保険金は，契約者（保険料負担者）と満期保険金受取人の関係で課税が相違する。

★満期保険金の年金受取

　満期保険金を年金受取で受け取る方法として，契約者が当初から年金で受け取ることを決めて満期保険金受取人が受け取った場合と，満期保険金受取人が一時金で受け取ることに代えて年金で受け取る場合の課税については，取扱いが相違する。

★契約者が当初から年金受取を選択

〔年金で受け取る場合の課税〕

パターン	契約者	被保険者	満期保険金受取人	課税	
				死亡時	年金受取時
①	A（本人）	B（本人以外）	A（本人）	なし	保険料との差額所得税（雑所得）・住民税
	A（本人）	B（本人以外）	A（本人）		
②	A（本人）	A（本人）	B（本人以外）	年金受給権に贈与税	受給権との差額所得税（雑所得）・住民税
	A（本人）	B（本人以外）	B（本人以外）		
	A（本人）	B（本人以外）	C（本人以外・被保険者以外）		

▼満期時の年金受給権の課税（パターン②）

　贈与税の課税対象となる年金受給権は，有期で受け取ることができる年金の場合は，以下の計算式で算出する。

・有期定期金：年金受給権の評価（平成22（2010）年税制改正）

☞下記❶〜❸のいずれか多い金額

> ❶満期保険金の額。
> ❷定期金に代えて一時金の給付を受けられる場合には当該一時金の金額。
> ❸定期金の給付を受ける残存期間に応じ，給付を受ける金額の1年当たりの平均額に，予定利率※による複利年金現価率を乗じた金額。

※予定利率は契約の予定利率で端数処理はしない。

▼年金を受け取った時の課税

▽契約者＝年金受取人の場合（パターン①）

☞雑所得（公的年金等以外）

> 雑所得の金額＝総収入金額※1－必要経費※2

※1　総収入金額＝基本年金額＋増額年金額＋増加年金額
※2　必要経費＝その年に支給される年金の額×払込保険料等の総額÷（年金支給総額（見込額））

・個人年金の課税と同様（☞43頁）

・源泉徴収（雑所得の金額が25万円以上）

> （年金の額－必要経費）×10.21％

▽契約者≠年金受取人の場合（パターン②）

☞雑所得（公的年金等以外）

・雑所得の金額　年金支給初年⇒全額非課税

　　　　　　　2年目以降　⇒課税部分が階段状に増加

> 雑所得の金額＝各年分の総収入金額※1－必要経費※7

※1　各年分の総収入金額＝1課税単位当たりの金額※2×経過年数
※2　1課税単位当たりの金額＝課税部分※3÷課税単位数※6
※3　課税部分の金額＝支払金額×課税割合※4
※4　課税割合：相続税評価割合※5に応じた算出
※5　相続税評価割合＝相続税評価額÷年金の支払総額（総額見込額）

相続税評価割合	課税割合	相続税評価割合	課税割合	相続税評価割合	課税割合
50%超 55%以下	45%	70%超 75%以下	25%	86%超 89%以下	11%
55%超 60%以下	40%	75%超 80%以下	20%	89%超 92%以下	8%
60%超 65%以下	35%	80%超 83%以下	17%	92%超 95%以下	5%
65%超 70%以下	30%	83%超 86%以下	14%	95%超 98%以下	2%
				98%超	0

（注）相続を贈与と読み替えて計算する。
※6　課税単位数＝残存期間年数×（残存期間年数－1年）÷2

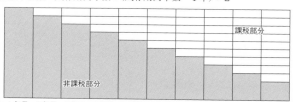

| 支払期間 | 1年目 | 2年目 | 3年目 | 4年目 | 5年目 | 6年目 | 7年目 | 8年目 | 9年目 | 10年目 |
| 経過年数 | | 1年 | 2年 | 3年 | 4年 | 5年 | 6年 | 7年 | 8年 | 9年 |

※7　必要経費＝各年分の総収入金額×必要経費割合※8
※8　必要経費割合＝保険料総額÷支払総額

・源泉徴収はない。

★留意点

　2010年7月6日の最高裁判決（収入保障保険の二重課税問題）があり，2010年10月20日「生保年金最高裁判決への対応等について」（☞108頁）で上記の取扱いに変更された。なお，その際に過去5年以内分に遡って納税者への還付対応も行われた。また，満期保険金の年金受取についても適用された。

★年金受取人が年金受取を選択

　満期時は，一時金と同様の課税となる。年金受取の際には，受け取った満期保険金を必要経費とし，年金受取額との差額を，雑所得として課税。この年金を据置した場合も，利息通知に対しては毎年の雑所得の課税。

☞雑所得（公的年金等以外）

雑所得の金額＝総収入金額※1－必要経費※2

※1　総収入金額＝受取年金額
※2　必要経費＝その年に支給される年金の額×満期保険金÷年金支給総額（見込額）

2-8　金融類似商品

★要するに

　生命保険の満期保険金や解約返戻金を受け取った際に，一定の要件を満たすものの差益は，金融類似商品として一律20.315％（所得税15.315％，地方税５％）の税率による源泉分離課税が適用され，源泉徴収だけで課税関係が終了する。

★金融類似商品に該当する生命保険

　金融類似商品には以下の要件を満たした場合のみ該当する。

〔金融類似商品の要件（３要件のすべてに該当の場合）〕

保険期間	５年以下（保険期間が５年を超える契約で，契約日から５年以内に解約されたものを含む）
払込方法	一時払または①②のいずれかに該当するもの ①契約日から１年以内に保険料総額の50％以上を払い込む方法 ②契約日から２年以内に保険料総額の75％以上を払い込む方法
保障倍率	次の①②の両方に該当するもの ①次の金額の合計額が満期保険金額の５倍未満 ・災害死亡保険金 ・疾病または傷害による入院・通院給付金日額に支払限度日数を乗じて計算した金額 ②普通死亡保険金額が満期保険金額の１倍以下

　保険期間や払込方法には該当する場合であっても，保障倍率に該当するかを保険商品の保障内容で判断する。

〔該当・非課税の保険商品名の一例（他の条件は該当）〕

該当商品	非該当商品
・養老保険 ・変額保険（有期型） ・確定年金・有期年金	・終身保険 ・変額保険（終身型） ・終身年金

★課税計算

課税対象は，次の満期保険金または解約返戻金。

▼該当契約形態

・満期保険金の場合：契約者（保険料負担者）＝保険金受取人
・解約返戻金の場合：すべて

$$\boxed{\text{満期保険金（解約返戻金）－正味払込保険料}\,) \times 20.315\%^{※} = \text{源泉分離課税額}}$$

※20.315％＝所得税15％＋復興特別所得税0.315％＋住民税5％
(注) 平成25（2013）年～令和19（2037）年は，復興特別所得税（所得税額×2.1％）が課税される。

★留意点

源泉分離課税された時点で課税関係は完了するため，確定申告をする必要はない。

Column 保険のキホン　生命表

生命保険の死亡保障の保険料は，生命表を基礎として算出される。

生命表は，各年齢階級の死亡率がそのあとも継続すると仮定し集団（一般に10万人）毎にその誕生から死亡までの変遷を示すものである。

一人ひとりがいつ亡くなるかは，一般的には予測はできないが，集団の性別・年齢に応じた死亡率は一定の法則を示すことになる。その一覧表が生命表である。

生命表は各年齢の平均余命が示されるが，0歳の平均余命が平均寿命とされ，ひとつの指標として参照されている。

生命表には，大きく，国民生命表と経験生命表がある。

国民生命表は，全国民の人口統計をもとに作成される生命表で，日本では厚生労働省が発表している。国勢調査に基づいて5年ごとに発行される完全生命表と，推計人口に基づく簡略計算で毎年作成される簡易生命表がある。

経験生命表は，全国民ではなく一部の統計をもとに作成される生命表である。代表的なものとして日本アクチュアリー協会が発表している生命保険会社の契約している人の統計に基づいて作成される生保標準生命表がある。生命保険会社の契約をしている人は，一般的には加入にあたって診査（健康確認）などで一定の制限があることなどから国民生命表とは異なる生命表となっている。

生命保険会社は「生保標準生命表」に基づいて，生命保険料の算出を行っている。

2-9 解約返戻金

★要するに

契約途中で解約した場合，一般的には解約返戻金が支払われる。解約返戻金は契約者（保険料負担者）が受け取る。つまり，必ず所得税が課税される（一時所得，金融類似商品に該当する場合は源泉分離課税）。

★解約返戻金

保険期間の途中で生命保険契約を解約した場合，契約が消滅することで同時に支払われたり，控除されたりする場合がある。

〔解約返戻金から追加・差引される一覧と取扱い〕

項目		内　容
追加	前納残額	前納された保険料の未経過分
	前納保険料の精算金	保険料を前納し，前納割引率と前納積立率との差額
	積立配当金	契約者が受け取っていない配当金
差引	未入保険料	解約時までの未払保険料
	契約者貸付金	解約時までに返済されていない元利合計
	自動振替貸付金	解約時までに返済されていない元利合計

★課税の概要

▼解約返戻金にかかる税金について

所得税（一時所得）・住民税の課税対象 =
｛解約返戻金 − 正味払込保険料総額 − 特別控除額（50万円）※｝× 1/2

※その年の他の一時所得の金額と合算する。

▼金融類似商品に該当する生命保険

（解約返戻金 − 正味払込保険料）× 20.315%※ = 源泉分離課税額

※20.315% = 所得税15% + 復興特別所得税0.315% + 住民税5%
(注) 平成25（2013）年〜令和19（2037）年は，復興特別所得税（所得税額×2.1%）が課税される。

★課税額の例

[一時所得の場合]

解約返戻金額	正味払込保険料	課税所得金額 (所得控除後)						
		300万円	400万円	500万円	600万円	700万円	1,000万円	1,500万円
500万円	350万円	7.15	10.21	10.21	10.21	11.74	16.85	16.85
	400万円	2.55	5.10	5.10	5.10	5.87	8.42	8.43
	450万円	0	0	0	0	0	0	0
1,000万円	700万円	22.46	25.52	25.52	26.44	29.35	42.12	42.12
	800万円	12.25	15.31	15.31	15.31	17.61	25.27	25.27
	900万円	2.55	5.10	5.10	5.10	5.87	8.42	8.43
2,000万円	1,400万円	53.09	56.15	58.60	61.67	72.24	92.66	92.66
	1,600万円	32.67	35.73	35.73	38.18	41.10	58.96	58.96
	1,800万円	12.25	15.31	15.31	15.31	17.61	25.27	25.27

★留意点

　一時所得の場合には，その年に他の一時所得がある場合は合算されて課税となる。

　給与所得者で，年末調整で申告が終了の場合，年間の他の所得が20万円以下であれば少額申告不要として所得税申告は不要になるが，住民税にはこの取扱いはないので注意。

★要するに

　個人年金の年金開始時および受け取った年金の課税は，契約者（保険料負担者）と年金受取人の関係で課税が相違する。

契約者	年金受取人	年金開始時	年金受取時
本人	本人	課税なし	所得税・住民税
本人	本人以外	贈与税	所得税・住民税

　契約者＝年金受取人の場合は，年金開始時には課税はないが，年金受取時には雑所得が課税される。この課税については，年金の受取方法などで計算方法が相違する。

★年金

〔年金開始時に増加・減少される金額がある場合の取扱い〕

項目	個人年金税制適格特約	
	あり	なし
積立配当金	年金買増として増額年金	受け取り方は選択可能
契約者貸付金 自動振替貸付金	元利合計が初回年金額を超える場合は，残額を一時金として受取	元利合計を年金原資から差し引いて年金として受取

※商品毎に取扱いに差があり，約款で確認が必要。

　年金の受取方法には，一般的には確定年金・有期年金・終身年金がある。この受取方法毎に課税も異なる。

▼終身年金

　被保険者が生存している限り終身にわたり年金を受け取る。

▼確定年金

　生死に関係なく契約時に定めた一定期間，年金が受け取れる。年金受取期間中に被保険者が死亡した場合，残りの期間に対応する年金，または一時金が支払われる。

▼有期年金

　契約時に定めた年金受取期間中、被保険者が生存している限り年金が受け取れる。

　実際に販売されている終身年金や有期年金には、保証期間や保証金付が多くなっている。

　保証期間付終身年金や有期年金は、保証期間中は生死に関係なく年金を受け取り、その後は被保険者が生存している限り終身や有期にわたり年金を受け取る。保証期間中に被保険者が死亡した場合、残りの保証期間に対応する年金、または一時金が支払われる。

　実際に年金を受け取る場合は、基本年金と増額年金、そして増加年金（または配当金）を受け取る。

基本年金	契約時に定められた年金額
増額年金	配当金で年金開始時に買い増しされた年金額
増加年金	年金開始後に配当金で買い増しされた年金額

★課税の概要

▼年金にかかる税金について

収入金額[※1] − 必要経費[※2] = 雑所得の金額

※1　収入金額＝受取年金額（基本年金＋増額年金）＋増加年金または配当金
※2　必要経費＝受取年金額×（正味払込保険料[※4]÷受取見込総額[※5]）[※3]
※3　必要経費割合（小数点第3位以下切上げ）
※4　正味払込保険料：基本年金に対する正味払込保険料と増額年金に対する一時払保険料の合計額
※5　受取見込総額：年金の種類によって総額を計算
・確定年金：年金年額（基本年金＋増額年金）×支給期間（5・10・15年等）
・有期年金：年金年額（基本年金＋増額年金）×支給期間の年数と余命年数のいずれか短い年数
・終身年金：年金年額（基本年金＋増額年金）×余命年数
・保証期間付有期年金：年金年額（基本年金＋増額年金）×余命年数と保証年数のいずれか長い年数と支払期間のいずれか短い年数
・保証期間付終身年金：年金年額（基本年金＋増額年金）×保証期間と余命年数のいずれか長い年数
(注) 年金の受取方法が前厚（早い時期の年金額が大）逓増型（経過年数に応じて年金額が増加）などの場合は、それぞれの年金額に受取年数を乗じて算出する。

〔余命年数表〕

年齢	55	60	61	62	63	64	65	66	67	68	69	70	75	80
男性	23	19	18	17	17	16	15	14	14	13	12	12	8	6
女性	27	23	22	21	20	19	18	18	17	16	15	14	11	8

（出所）所得税法施行令第82条の３別表（☞100頁）「余命年数表」から抜粋

★計算例

・10年確定年金
・受取年金：基本年金（年額）50万円・増額年金１万円・増加年金0.5万円
・保険料
　基本年金にかかる支払保険料：450万円
　増額年金にかかる一時払保険料：８万円
　必要経費割合＝正味払込保険料（450万円＋８万円）÷受取年金総額（51万円×10年）＝0.898
・雑所得の金額＝51.5万円－51万円×0.89＝6.11万円

★留意点

▼必要経費割合

　必要経費割合は，年金開始時に計算し，年金受給期間中そのまま使用する。終身年金で長生きした場合は，必要経費の合計額が実際に支払った保険料合計額を超過することもあるが，その場合でもそのまま継続使用する。

▼源泉徴収

　雑所得の金額が25万円以上となった場合，源泉徴収されて受け取ることになる。

　　　　源泉徴収＝雑所得の金額×10.21％

　源泉徴収された金額は，確定申告で過不足を精算する。

▼確定申告

　個人年金の課税は，雑所得（公的年金以外）として総合課税され，所得税（復興特別所得税を含む）・住民税が課税される。

★年金開始後の一括受取の課税

確定年金	一時所得
保証期間付終身年金・保証期間付有期年金	雑所得

　個人年金で，年金開始後にも生存率を使用する終身年金・有期年金は，一般的には一括請求できない。

　保証期間付終身年金・保証期間付有期年金の場合は，この保証期間については一括請求が可能となるが，保証期間が過ぎるとまた年金が開始となるため，一時所得ではなく雑所得として課税される。

　また，被保険者死亡で年金受取人が受け取る場合も同様である。

▼一括請求額に関する課税額

・雑所得の場合

```
雑所得の金額＝収入金額－必要経費
　　　　　　＝一括請求額－一括請求額×必要経費割合
```

・一時所得の場合

```
一時所得の課税金額＝（収入金額－必要経費－50万円）×1/2
　　　　　　　　　＝（一括請求額－一括請求額×必要経費割合－50万円）×1/2
```

★年金開始後の年金受取人死亡

　保険種類と年金受取人・被保険者の関係で課税は相違する。

　年金開始後に年金受取人が死亡した場合の取扱いは，保険種類と契約者・年金受取人・後継年金受取人の関係で相違する。年金が継続する場合，この年金を継続して受け取る人を後継年金受取人として指定できる商品もある。

▼被保険者≠年金受取人

　被保険者は生存しており，年金を継続して受け取ることが可能。

▼被保険者＝年金受取人

　確定年金は継続または一時金で受け取ることができる。

　終身・有期年金は年金が終了するが，保証期間付終身・有期年金は，保証期間の年金を継続または一時金で受け取ることができる。

契約者	被保険者	年金受取人	承継年金受取人	課税
本人	本人	本人	本人以外	年金受給権，または一時金に相続税
	本人以外			

★要するに

個人年金の年金開始時および受け取った年金の課税は，契約者（保険料負担者）と年金受取人の関係で課税が相違する。

契約者	年金受取人	年金開始時	年金受取時
本人	本人	課税なし	所得税・住民税
本人	本人以外	贈与税	所得税・住民税

契約者≠年金受取人の場合，年金開始時に贈与税が課税され，年金受取時の2年目から雑所得が課税される。

★年金開始時

▼年金受給権の課税

> 贈与税の課税対象＝年金受給権の評価額−基礎控除（110万円）

贈与税の課税対象となる年金受給権は，以下の計算式で算出する。

☞年金受給権の評価（平成22（2010）年税制改正）

> ①解約して年金原資を受け取った額
> ②年金に代えて一時金の給付を受けられる場合には当該一時金の金額
> ③年金の給付を受ける残存期間※1に応じ，給付を受ける金額の1年当たりの平均額に，予定利率※2による複利年金現価率を乗じた金額
> ①〜③のいずれか多い金額

※1　年金の給付を受ける残存期間
・確定年金：支給期間（5・10・15年等）
・有期年金：支給期間の年数と余命年数のいずれか短い年数
・終身年金：余命年数
・保証期間付有期年金：保証年数と余命年数のいずれか長い年数と支払期間のいずれか短い年数
・保証期間付終身年金：保証期間と余命年数のいずれか長い年数

年齢	55	60	61	62	63	64	65	66	67	68	69	70	75	80
男性	23	19	18	17	17	16	15	14	14	13	12	12	8	6
女性	27	23	22	21	20	19	18	18	17	16	15	14	11	8

（出所）所得税法施行令第82条の3別表（☞100頁）・余命年数表より抜粋

※2　予定利率は契約の予定利率で，端数処理はしない。

〔贈与税額の一例〕 （単位：万円）

年金の種類			基本年金額	予定利率						
				1.50%	2.00%	2.75%	3.75%	4.75%	5.00%	5.50%
確定年金	10年		50	47	45	42	39	35	34	33
			100	209	201	189	175	161	158	152
			200	640	620	591	555	522	513	498
10年保証期間付終身年金	60歳開始	男性	50	209	191	166	138	113	109	101
			100	640	595	534	466	410	397	372
			200	1,618	1,520	1,386	1,230	1,105	1,077	1,022
		女性	50	294	265	228	186	151	143	128
			100	848	780	689	584	497	479	445
			200	2,076	1,927	1,726	1,497	1,303	1,260	1,184
	65歳開始	男性	50	491	136	119	103	89	86	79
			100	491	463	425	378	337	327	309
			200	1,289	1,224	1,138	1,035	943	922	881
		女性	50	223	204	177	147	120	114	105
			100	676	627	562	486	426	412	386
			200	1,697	1,591	1,447	1,277	1,141	1,111	1,053

★年金受取時

▼年金を受け取った時の課税

▽支給期間

・確定年金：支給期間（5・10・15年等）

・有期年金：支給期間の年数と余命年数のいずれか短い年数

・終身年金：余命年数

・保証期間付有期年金：余命年数と保証年数のいずれか長い年数と
　支払期間のいずれか短い年数

・保証期間付終身年金：保証期間と余命年数のいずれか長い年数

▽雑所得（公的年金等以外）

・雑所得の金額：年金支給初年⇒全額非課税

　　　　　　　2年目以降⇒課税部分が階段状に増加

> 雑所得の金額＝各年分の総収入金額[※1] － 必要経費[※7]

※1　各年分の総収入金額＝1課税単位当たりの金額[※2]×経過年数
※2　1課税単位当たりの金額＝課税部分[※3]÷課税単位数[※6]
※3　課税部分の金額＝支払金額×課税割合[※4]
※4　課税割合：相続税評価割合[※5]に応じて算出
※5　相続税評価割合＝相続税評価額÷年金の支払総額（総額見込額）

相続税評価割合		課税割合	相続税評価割合		課税割合	相続税評価割合		課税割合
50%超	55%以下	45%	70%超	75%以下	25%	86%超	89%以下	11%
55%超	60%以下	40%	75%超	80%以下	20%	89%超	92%以下	8%
60%超	65%以下	35%	80%超	83%以下	17%	92%超	95%以下	5%
65%超	70%以下	30%	83%超	86%以下	14%	95%超	98%以下	2%
						98%超		0

※6　課税単位数＝残存期間年数×（残存期間年数－1年）÷2

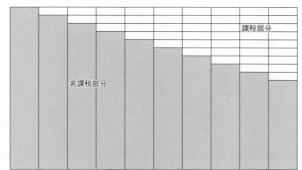

| 支払期間 | 1年目 | 2年目 | 3年目 | 4年目 | 5年目 | 6年目 | 7年目 | 8年目 | 9年目 | 10年目 |
| 経過年数 | | 1年 | 2年 | 3年 | 4年 | 5年 | 6年 | 7年 | 8年 | 9年 |

※7　必要経費＝各年分の総収入金額×必要経費割合[※8]
※8　必要経費割合＝保険料総額÷支払総額

・源泉徴収はない。

★留意点

　2010年7月6日の最高裁判決（収入保障保険の二重課税問題）があり，2010年10月20日「生保年金最高裁判決への対応等について」

（☞108頁）で上記の取扱いに変更された。なお，その際に過去5年以内分に遡って納税者への還付対応も行われた。この時に，年金受取で契約者≠年金受取人の課税についても適用された。

★年金開始後の被保険者死亡

被保険者が死亡した場合であっても年金受取人が生存している場合は，確定年金および保証期間付終身年金・有期年金の保証期間は継続して年金を受け取る，または一時金を受け取ることができる。これは相続ではなく受取人が年金を一括請求したことと同様となる。

★年金開始後の年金受取人死亡

年金開始後に年金受取人が死亡した場合の取扱いは，保険種類と契約者・年金受取人・後継年金受取人の関係で相違する。年金が継続する場合，この年金を継続して受け取る人を後継年金受取人として指定できる商品もある。

▼被保険者≠年金受取人

被保険者が生存しているので，年金を継続して受け取ることができる。

▼被保険者＝年金受取人

確定年金は継続または一時金で受け取ることができる。

終身・有期年金は年金が終了するが，保証期間付終身・有期年金は，保証期間の年金を継続または一時金で受け取ることができる。

契約者	年金受取人	後継年金受取人	年金受取人の死亡時	年金受取時
本人	本人以外	本人	課税なし	当初から本人受取と同様
本人	本人以外	契約者・年金受取人以外	年金受給権に相続税	贈与税課税後の年金の課税〔上記の年金受取時の課税〕

給付金－生存給付金－

★要するに

　死亡ではなく，身体の傷害等を基因として保険金・給付金が支払われ，生前に受け取ることができる様々な給付金・保険金。

　一般的には第三分野保険と言われる病気やケガで入院・手術したときに給付金が支払われる医療保険や，特定の病気にかかったり，要介護状態になったりした場合，まとまった一時金が支払われる生前給付保険から支給される。

　入院給付金・手術給付金・介護給付金・リビング・ニーズ保険金など，商品毎に様々な保険金・給付金が設定されている。　☞保険業法第3条第4項第二号（88頁）

★課税の概要

　身体の傷害に基づいて支払われる給付金や保険金は，原則非課税となる。☞所得税法施行令第30条（99頁）

　入院給付金や手術給付金等は約款上原則，被保険者に支払われる。保険料負担者と被保険者（身体に傷害を受けた者）が異なる場合でも，その支払を受ける者が，その身体に傷害を受けた者（被保険者）の配偶者もしくは直系血族または生計を一にするその他の親族であるときは非課税となる。☞所得税基本通達9-19（104頁）

　ちなみに「生計を一にする」とは必ずしも同居でなくてもよく，勤務の都合や，就学・療養などのための別居の場合でも，生活費などの送金，余暇には同居などで「生計を一にする」ものとしている。

★相続との関係

　生前に受け取っていた入院給付金等の支払を受けた後にその受取人である被保険者が死亡した場合，この受け取った金額の残額があれば，その金額は本来の相続財産として相続税の課税対象となる。

★医療費控除との関係

医療費控除の金額は，以下の算式となる。

医療費控除の金額＝実際に支払った医療費の合計額－①－②

①保険金などで補てんされる金額（最高で200万円）
・生命保険契約などから支給される入院給付金など（生前給付金・保険金など）
・社会保険から支給される高額療養費・家族療養費・出産育児一時金など
②10万円（所得金額等が200万円未満⇒総所得金額等の５％）

入院給付金などで補てんされる金額は，その給付の目的となった医療費の金額を限度として差し引くことになっており，引ききれない金額が生じても，他の医療費からは差し引く必要はない。

また，医療費を補てんする金額が確定申告書の提出までに確定していない場合であっても，その補てんされる金額の見込額を支払った医療費から差し引くことが必要。

なお，補てんされる保険金等の確定額が当初の見込額と異なった場合は，修正申告または更正の請求の手続きによって訂正する。

★計算例

・年間の医療費：60万円（うち，がんの手術費用20万円）
・がん保険から支給された入院・手術給付金：50万円
　がんの手術費用20万円－入院・手術給付金50万円＜０
　年間の医療費60万円－がんの手術費用20万円＝40万円
・医療費控除額：40万円

上記例では，医療保険の入院・手術給付金のほうが多額で，30万円余っている。しかし，この金額を年間の医療費（他の医療費）から差し引く必要はない。

入院給付金等でカバーされている医療費は，あくまでもその支払い対象となった医療費を限度として差し引くことになる。

★要するに

免除要件は各社，各商品で相違するが，3大疾病（がん・急性心筋梗塞・脳卒中）・身体障害・要介護状態など所定の状態になると，以後の保険料の払込みが免除される特約。保険料払込免除特約として，保険料は付加しない場合より負担が増える。

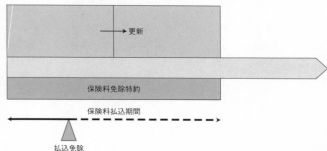

一般的には，保険料免除後も更新がある商品であれば，そのまま更新される（上図参照）。生前給付金・保険金なども通常の保険料を支払っている場合と同様に受け取ることができる。

★課税の概要

▼保険料払込免除となった時の課税

保険料免除特約の対象となる保険事故が発生し，保険料免除特約が実行された場合，その時点では何も給付を受けておらず，その時点では課税は発生しない。

▼保険料

保険料免除特約の保険料については，それぞれ特約が付加されている保険の区分に応じて，生命保険料控除，介護医療保険料控除などに区分してそれぞれの対象保険料とする。

また，保険料免除に該当した後は，実際には保険料を負担していないため，生命保険料控除は受けることができない。

▼死亡保険金（所得税）

死亡保険金受取人＝契約者（保険料負担者）の契約形態で死亡保険金を受け取った場合，所得税（一時所得）・住民税の課税対象となる。

> 受け取った金額−必要経費−特別控除50万円＝一時所得の金額

この必要経費となる金額は，契約者が負担した保険料のため，契約者が実際に支払った保険料の合計額となる。払込免除後に支払うこととなっていた保険料はその対象とはならない。

▼給付金

生前給付金・保険金については，保険料免除となる前と同様。被保険者が受け取ることとなっており，非課税で受け取ることができる。

▼解約

すでに保険事故が発生しており支払がスタートしていることから，一般的には解約はできないことになっている。保険料の払込の免除をされたまま保障期間を満了する。

▼契約者死亡

被保険者が死亡した場合，契約は消滅する。

契約者≠被保険者の契約者が死亡した場合，契約者を変更して契約は継続することとなる。この場合，この契約の権利の評価額で相続税が課税される。

★留意点

こども保険，学資保険の中には，連生保険として契約者の生死もその保険の対象となっている商品があり，この場合は保険料免除特約とは扱いが相違するので注意。

★要するに

こども保険や生存給付金（お祝い金）付定期保険などから，一定期間経過する毎に生存していることを条件に受け取るものが生存給付金。

一般的な生存給付金付定期保険等は，2年や3年などの期間毎の契約応当日が受取日。ただし，こども保険の場合は中学・高校・大学などの入学に合わせて支払年齢・支払日を確定している商品もある。

生存給付金（お祝い金）

定期保険

一般的に，こども保険は連生保険として契約者・被保険者の両者の生死をその契約の目的としているが，生存給付金付定期保険（終身保険）は，通常の生命保険と同様に被保険者の生死をその保険の目的としているとされる。

★課税の概要

契約者が生存給付金（お祝い金）を受け取った場合，一時所得として，所得税・住民税が課税される。

> 生存給付金－既払込保険料－特別控除50万円＝一時所得の金額

すでに生存給付金（お祝い金）を受け取っている場合，それに相当する保険料を除く（お祝い金の相当額を限度）。

通常の場合，実際に払い込んだ保険料の総額が生存給付金（お祝い金）の金額を上回っており，受取時には課税は発生しない。

ただし，保険料の払込免除となっている契約等は，課税が発生す

る可能性がある。

```
（例）年払保険料：12万円，お祝い金3年毎：30万円
  1回目  30万円－30万円＝0  既払込保険料残高12万円×3回－30万円
  2回目  30万円－30万円＝0  既払込保険料残高12万円×6回－60万円
  3回目  30万円－30万円＝0  既払込保険料残高12万円×9回－90万円
```

★据置

　生存給付金（お祝い金）を支払期日（受取期日）には受け取らず，据置としておいても，この支払期日の属する年（暦年）の所得として課税される。

　このため，据置した生存給付金（お祝い金）を引き出した時には課税はない。

　また，据置した場合の利息は，毎年の雑所得として，所得税・住民税の課税対象となる。利息には必要経費はないので，そのままの金額が課税対象となる。

★留意点

　生前給付金という言葉で，身体の傷害に基づいて支払われる給付金もあり，これは被保険者本人などが受け取ることで非課税となる。

　また，お祝い金として，健康を維持できている場合や契約の内容によって毎年，金額を受け取ることができる商品から受け取るお祝い金は，配当金と同様の取扱いとなっているケースが多く，お祝い金（生存給付金）とは取扱いが相違している。

★要するに

　変額個人年金保険で，年金開始前の据置期間（運用期間）に，一定額の生存給付金を受け取ることが組み込まれている商品。また，当初の運用が目標に到達したら生前給付金を受け取るといった商品もある。これらは，通常のお祝い金とは違い，商品としては一部減額として受け取る金額を給付金と呼称していることがある。

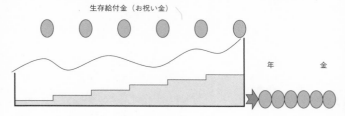

生存給付金（お祝い金）

年　　　金

★課税の取扱い

　解約期間を毎月・3か月・6か月・1年毎などで定期的に一定額を解約した場合の解約返戻金は，雑所得として課税される。

雑所得の金額＝一部解約返戻金－必要経費※1

※1　必要経費＝一部解約時の既払込保険料（過去の必要経費分を除く）×一部解約返戻金請求金額※2÷一部解約時の積立残高
※2　一部解約返戻金請求額は，早期解約した場合に生命保険会社が差し引く解約控除額を加えた金額となる。

　一般勘定のお祝い金が，必要経費同額としているのに対して，支払った保険料を積立金額と引き出す金額に按分して必要経費を計算している。

★源泉徴収

　変額年金（確定年金）や変額保険（有期型）などで，保険料が一時払（金融類似商品に該当）の場合，5年以内に受け取るお祝い金

（定額減額）は，金融類似商品として源泉徴収の対象となる。

（例）一時払保険料：300万円，毎年の定額受取額：10万円，解約控除：5％
・1回目　支払時点での運用結果：330万円
　　300万円×10.5万円÷330万円＝95,454円（必要経費）
　　100,000円−95,454円＝4,546円（課税金額）
　　4,546円×10.21％＝464円（源泉徴収）
　　100,000円−464円＝99,536円（受取金額）
・2回目　支払時点での運用結果：325万円
　　（300万円−95,454円）×10.5万円÷325万円＝93,839円（必要経費）
　　100,000円−93,839円＝6,161円（課税金額）
　　6,161円×10.21％＝629円（源泉徴収）
　　100,000円−93,839円＝99,371円（受取金額）

　この計算が5年超となると，源泉徴収はなく，雑所得として他の所得と合算しての総合課税となる。

★据置

　生存給付金（お祝い金）を支払期日（受取期日）には受け取らず，据置としておいても，この支払期日の属する年（暦年）の所得として課税される。このため，据置した生存給付金（お祝い金）を引き出した時には課税はない。また，据置した場合の利息は，毎年の雑所得として，所得税・住民税の課税対象となる。利息には必要経費はないので，そのままの金額が課税対象となる。

★留意点

　お祝い金（生前給付金）で，通常の前倒しでの必要経費ではなく按分で必要経費を計算し，さらに金融類似商品に該当する場合に源泉徴収する商品は，
・一時払変額保険（有期型）
・一時払変額年金（確定年金）
・一時払外貨建て養老保険
・一時払外貨建て確定年金
　などとなっており，変額保険・外貨建て保険で終身年金や終身保険，平準払の場合などは，金融類似商品に該当しないことから，必要経費は按分して計算されるが，源泉徴収はない点に注意。

生存給付金－みなし贈与－

★要するに

外貨建ての一時払終身保険で，一定額のお祝い金（生存給付金）を受け取ることができる商品。一般的にはこの給付金は契約者（保険料負担者）が受け取ることになっている商品が多いが，この生存給付金受取人を契約者（保険料負担者）以外と指定し，毎年の生存給付金を生存給付金受取人に対する毎年の贈与として取り扱う商品がある。

これらは，一般的な生存給付金とは違い，商品としては一部減額として受け取る金額を生存給付金と呼称していることがある。

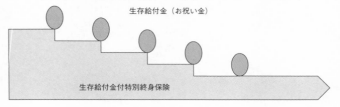

生存給付金（お祝い金）

生存給付金付特別終身保険

★課税の取扱い

契約者	被保険者	生存給付金受取人	課税
本人	本人	本人	所得税・住民税
本人	本人以外	本人	所得税・住民税
本人	本人	本人以外	贈与税
本人	本人以外	本人以外	贈与税

生存給付金を契約者本人が受け取った場合，所得税・住民税の課税対象となるが，本人以外を指定している場合，贈与税の課税対象となっている。

生存給付金にかかる贈与は，民法上の贈与ではなく税法上のみなし贈与として，贈与契約書などは不要とされている。また，生存給

付金は毎年受取人が変更できることから「定期贈与」にも該当され
ないとされている。

　以下の2点がこの商品のポイントとされている。

・生存給付金の支払請求権は毎年の支払時に発生することとなり，
　生存給付金受取人はこの受取まで生存給付金について何ら権利を
　有していない。

・被保険者が死亡した場合には，その後の生存給付金は支払われ
　ず，死亡保険金受取人に残存期間に支払われるべき生存給付金も
　含んで支払われる。☞平成27年5月28日　東京国税局　事前照会
　回答（110頁）

　毎年受け取る生前給付金への課税は，その都度の贈与税となる。

贈与税の課税対象→生存給付金−110万円（基礎控除）

　基礎控除（110万円）内であれば，その年中に他の贈与を受けてい
ない場合は，課税なしで贈与を受け続けることが可能となる。

★留意点

　保険料分として毎年贈与する暦年贈与の場合は，様々な注意点が
あるが，この商品の場合はそういった点では手軽にできるという利
点がある。

〔毎年の保険料贈与契約での留意点〕

・毎年の贈与契約書（贈与者から受贈者へ）
・預金口座の振替（贈与者から受贈者へ）
・保険料を受贈者の預金口座から引き落とし
・印鑑，通帳は受贈者が管理
・贈与税申告が必要な場合は，申告を行い申告書を保管
・贈与者は生命保険料控除を使わない

（参考）昭和58年国税庁事務連絡（☞109頁）

第 3 章

保全手続きの税務

3-1　契約者貸付

★要するに

　契約者は，契約中の生命保険の解約返戻金の一定範囲内で貸付を受けることができる。一般的には契約者貸付を受けている間であっても，保障は同様に継続し，配当金がある契約の場合は配当を受け取る権利も継続する。ただし，保険商品によっては契約者貸付制度が利用できないものもある。

　貸付を受けたいときは審査などもなく，会社によってはカードを使って所定のATMなどから受取可能であり，いつでも返済可能となっている。

　契約者貸付には，所定の利息（複利）がつき，一般的には予定利率が高い契約は貸付利率も高くなる（非常事態の際は金利なしで対応する時期が設けられる場合もある）。

　未返済のまま解約・満期そして被保険者死亡のときは，それぞれの受取額から，その元金と利息の合計額が差し引かれる。

　契約者貸付を受けると，利息は毎年元金に繰り入れられ，元利金は年々膨らむ。この貸付金の元利金が解約返戻金を超えると，生命保険会社から通知があり，その金額を所定期日まで払込みできなかった場合は，保険契約は失効する。

★課税について

　契約者貸付を個人で借り入れ，返済したことになり，課税は発生しない。

　貸付金が残ったままの解約・満期・死亡などが発生した場合は，実際に受け取る金額はその元利合計が差し引かれて受け取る。

▼契約者本人が受取，所得税がかかる場合

> 一時所得の課税価格＝{満期保険金（貸付金元利合計額を含む）
> 　　　　　　　　　　－既払込保険料－特別控除（50万円）}×1/2

▼満期・死亡保険金受取人≠保険契約者となり，保険契約者以外が保険金などを受け取り，契約者が元利合計額を返済したと考える場合

・満期保険金・死亡保険金受取人が受け取った金額

> 相続税・贈与税の課税対象＝保険金（実際受取額）等

・契約者が契約者貸付金を返済されたとする金額

> 所得税の課税対象＝貸付金元利合計金額
> 　　　　　　　　　－既払込保険料（貸付金額）－特別控除（50万円）

　個人年金で貸付金があった場合は，個人年金税制適格特約の付加の有無で取扱いが相違する。個人年金税制適格特約が付加されている場合には受け取った年金と相殺する。

　個人年金税制適格特約が付加されていない場合について確認する。

▼保険契約者＝年金受取人，所得税がかかる場合

　年金原資から貸付金元利合計額を差し引いて年金額を算出する。

> 雑所得の課税価格＝年金受取額－既払込保険料（貸付金控除後）
> 　　　　　　　　　×年金受取額÷年金受取見込総額

▼年金受取人≠保険契約者，となり，保険契約者以外が年金を受け取り，契約者が元利合計額を返済したと考える場合

・満期保険金・死亡保険金受取人が受け取った金額

> 贈与税の課税対象→年金原資から貸付金元利合計額を差し引いて年金額を算出し年金の受給権が贈与税の課税対象となる

・契約者が契約者貸付金を返済されたとする金額

> 所得税の課税対象＝貸付金元利合計金額
> 　　　　　　　　　－既払込保険料（貸付金額）－特別控除（50万円）

3-2　保険料（自動）振替貸付

★要するに

　保険料（自動）振替貸付は，払込猶予期間内に保険料が入金でき
なかった場合に自動的に保険料を立て替える制度。解約返戻金相当
額の一定割合が貸付の対象となるため，解約返戻金が不足する場合
は適用されない。また，事前に申し出て止めることが可能な商品
や，この制度が活用できない商品もある。

　保険料振替貸付の貸付金には，所定の利息（複利）がつく。貸付
利率は商品の予定利率などによって相違する。

　保険料振替貸付金の元利合計額はいつでも返済可能であるが，未
返済のまま満期・死亡・解約などの場合は，それぞれの金額からそ
の元利合計額が差し引かれる。

　また，一般的には保険料振替貸付が行われた後でも，一定期間内
であれば，解約・延長保険・払済保険などへの変更は，保険料振替
貸付がなかったものとして取扱可能になっている。

　契約者貸付と合算した元利金が解約返戻金を上回ると，契約は失
効する。

★課税について

▼保険料

　保険料振替貸付を受けた保険料は，生命保険料控除の対象とな
る。☞所得税基本通達76-3(2)（107頁）

　その年中に充当された金額は，その年において支払った金額とし
て控除の対象とする。ただし，保険料振替貸付を後日返済した際に
は，その返済した金額は，すでに保険料振替貸付を受けた時の生命
保険料控除の対象となった金額であるため，生命保険料控除の対象
とはならない。

▼満期，解約，死亡保険金等を受け取ったとき

契約者貸付等を個人で借り入れ，返済したことになり，課税は発生しない。

貸付金が残ったままの解約・満期・死亡などが発生した場合は，実際に受け取る金額はその元利合計が差し引かれて受け取る。

一時所得の計算上控除できる必要経費は，既払込保険料相当額となる。

この既払込保険料相当額には，生命保険料を支払うために借入金の利息が含まれることとなっている。保険料振替貸付は，保険料に充当する関係が証明できるため活用できる。

・契約者が貸付金等を返済されたとする金額

```
所得税の課税対象＝貸付金元利合計金額
         －既払込保険料（貸付金元利合計金額）－特別控除（50万円）
```

Column 保険のキホン　予定率

生命保険の保険料は予定率を用いて算出される。予定率には①予定死亡率，②予定利率，③予定事業費率がある。

①予定死亡率

死亡統計を基礎として，性別・年齢別の死亡者数を予測し，将来の支払に必要な保険金額を計算する。この死亡率が予定死亡率で，年齢が若い人と年配の人では，若い人のほうが死亡率は低く，女性と男性では女性のほうが死亡率は低くなる。

②予定利率

契約者が支払った保険料を保険会社は保険金を支払うまで運用をする。この運用した場合に得られることができる運用利回りが予定利率で，この運用収益をあらかじめ見込み，その分の保険料を割り引いて計算する。予定利率が高ければ保険料は安く，予定利率が低ければ保険料は高くなる。

③予定事業費率

保険事業を営むために必要な経費の予定額を計算するのが予定事業費率で，高くなると保険料は高く，低くなると保険料は安くなる。

★要するに

　生命保険契約の主契約や付加されている特約の保障額を減らすことで，その後の保険料負担の軽減を図る方法。

　減額は一部解約で，つまり減額した部分は解約したことになる。この減額に対応した解約返戻金があれば受け取ることが可能（税制適格特約が付加されている個人年金は受取不可）。主契約，特約のどちらも減額が可能で，商品によっては最低保証額や他の特約の保障額が同時に減額されることもある。

　また，特約毎に解約する特約解約も同様の取扱いとなる。

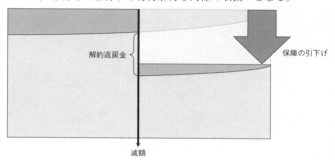

解約返戻金

保障の引下げ

減額

★課税の概要

　契約者が減額して解約返戻金を受け取った場合，一時所得として，所得税・住民税が課税される。

解約返戻金－既払込保険料－特別控除50万円＝一時所得の金額

　すでに減額をされて解約返戻金等を受け取っている場合，それに相当する保険料を除く（すでに受け取っている相当額を限度とする）。

（例）一時払養老保険の保険料：400万円，満期保険金500万円
・途中で保障を半分に減額→受け取った解約返戻金：225万円
　225万円－225万円＝0
・満期
　{500万円÷2－（400万円－225万円）－50万円}×1/2＝12.5万円

★留意点

　減額をすると必要経費が保険金按分となり，何度も一時所得の特別控除が活用できると勘違いしている場合も多いが，個人の場合は必要経費は受け取った解約返戻金と同額になるため（前倒し方式），減額することでの課税が有利になるということはない。

Column 保険のキホン　収支相等の原則

　生命保険は多くの人が保険契約者となって保険料を支払い，それを保険会社が預かり，亡くなったり病気になったりしたときに，保険金や給付金を受け取ることができる「相互扶助」に基づいて成り立っている。

　生命保険の収支は，契約者が支払った保険料（収入）と受取人が受け取った保険金（支出）が等しくなることを基本としている。これを「収支相等の原則」という。

＊保険金×死亡者数＝保険料×契約者数

　例えば10万人で1年間に20人亡くなり保険金は1人当たり100万円とすると，保険料はいくら支払うと，収支が合うかで計算する。

＊保険料＝（保険金×死亡者数）÷契約者数

　（100万円×20人）÷10万人＝200円

　つまり200円の保険料を支払うと保険会社は死亡時に支払う保険金がまかなえることになる。死亡者が多くなれば保険料は上がり，少なくなれば保険料は下がる。保険金が増えると保険料は上がり，保険金が減少すると保険料は下がる。

　この死亡率だけの保険料に，予定利率も加味して考える。保険料は期始に支払うので最初にその保険料は支払われる。保険金はその保障期間中のどこかで支払われるが，計算上は期中の中央で支払われるとして計算される。

＊1年定期の保険料計算

1年定期保険の純保険料×年始生存者数＝（保険金額×1/2年の予定利率の現価率）×死亡者数

3-4　減額－金融類似商品－

★要するに

変額個人年金保険で年金開始前の据置期間（運用期間）中に減額すると，解約返戻金を受け取ることができる。

定額の生存給付金を受け取ることが組み込まれている商品や，運用が当初目標に到達したら生前給付金を受け取るといった商品とは違い，自分で減額して解約返戻金の一部を受け取る。

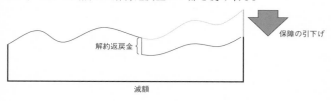

保障の引下げ

解約返戻金

減額

★課税の取扱い

変額保険を途中減額した場合は，定期的に一定額を解約した場合のお祝い金の取扱いと同様に，解約返戻金は雑所得として課税される。

雑所得の金額＝一部解約返戻金－必要経費[1]

- ※1　必要経費＝一部解約時の既払込保険料（過去の必要経費分を除く）×一部解約返戻金請求金額[2]÷一部解約時の積立残高
- ※2　一部解約返戻金請求額は，早期解約した場合に生命保険会社が差し引く解約控除額を加えた金額

一般勘定の減額が必要経費同額としているのに対して，支払った保険料を積立金額と引き出す金額に按分して必要経費を計算している点に注意を要する。

★源泉徴収

変額年金（確定年金）や変額保険（有期型）などで，保険料が一時払（金融類似商品に該当）等の場合，5年以内に受け取る減額は

金融類似商品として源泉徴収の対象となる。

（例）一時払保険料：300万円，減額時の受取金：100万円
　　　その時の解約返戻金：330万円，解約控除：5％，5年以内
100万円×105万円÷330万円＝318,181円（必要経費）
1,000,000円－318,181円＝681,819円（課税金額）
681,819円×10.21％＝69,613円（源泉分離課税）
1,000,000円－69,613円＝930,387円（受取金額）
　源泉徴収された金額は，年末の確定申告で調整される。

　上記の計算が5年超となると，源泉徴収はなく，雑所得として他の所得と合算しての総合課税になる。

★留意点

　減額で，通常の前倒しでの必要経費ではなく按分で必要経費を計算し，さらに金融類似商品に該当する場合に源泉徴収する商品は，
・一時払変額保険（有期型）
・一時払変額年金（確定年金）
・一時払外貨建て養老保険
・一時払外貨建て確定年金
などとなっており，変額保険・外貨建て保険で終身年金や終身保険，平準支払いの場合などは，金融類似商品に該当しないことから，必要経費は按分して計算されるが，源泉徴収はない点に注意する。

★要するに

▼払済保険

　保険料の払込を中止し，その時の解約返戻金をもとに保険期間をそのままにし，保障額を減額した保険（同じ種類の保険または養老・終身保険）に変更。ただし，付加している各種特約は原則消滅する（リビング・ニーズ特約は継続する場合がある）。

　解約返戻金が少ないと変更できないことがあり，保険によっては利用できないことがある（個人年金税制適格特約が付加された個人年金保険は，加入から10年間は払済保険への変更不可）。

▼延長（定期）保険

　保険料の払込を中止し，その時の解約返戻金をもとに死亡保障のみの定期保険に変更。死亡保険金は元の保険と同額とするが，保険期間が短くなることが多い。元の保険期間を超える場合は，生存給付金を受け取ることができる場合がある。ただし，付加している特約等は消滅する。

　解約返戻金が少ないと変更できないことがあり，保険によっては利用できないことがある。

▼復旧

　復旧とは，払済保険，延長（定期）保険への変更の後，商品によっては一定期間内であれば変更前の契約に戻せることをいう。復旧する際には診査や告知が必要となるが，復旧部分の積立金の不足額の払込が必要となり，商品によっては所定の利息（複利）の払込が必要な場合もある。

★課税の取扱い

▼生命保険料控除の取扱い

延長（定期）保険や払済保険に充当された解約返戻金相当額は，実際に保険料を支払ったわけではないので，生命保険料控除の対象とはならない。

復旧の際に支払われた所定の金額については，その支払った年の生命保険料控除の対象となる。

▼変更時

払済保険や延長（定期）保険に変更した際には，手続きのひとつとして課税関係は発生しない。

ただし，契約者貸付金・保険料（自動）振替貸付金の残高がある場合は，この貸付金の元利合計を一括返済した残額の解約返戻金相当額を充当して延長（定期）保険や払済保険に変更される。そのため，この金額については，この時点で減額と同様の課税が行われたと考える。

▼消滅時

払済保険や延長（定期）保険に変更したあと，解約・死亡・満期・年金などの契約が消滅する場合，それぞれ契約者・被保険者・受取人の関係で課税が発生する。

★要するに

　生命保険は，一般的には保障を開始してから終了するまでを保障期間として契約する。また，保障を継続させるためには保険料が必要となり，この保険料を払う期間を払込期間という。

　保険料は，一時払として一度に払込をする商品もあるが，平準払として年払，半年払，月払がある。平準払の場合で，保障期間と払込期間が同じ場合は全期払，保障期間より払込期間が短い場合は短期払と呼称している。

　この払込期間や保障期間を加入後に変更できる商品もある。

　一般的には保障期間が伸びる場合は，差額の積立金を支払うことが必要となり，短くなる場合は差額の積立金を受け取ることができる。

　また，短期払の契約で払込期間を短くする場合には，差額の積立金を支払うことが求められ，長くする場合には差額の積立金を受け取ることができる。これは当初からその保険期間，払込期間として算出した積立金と現在の積立金の差額を調整することから生じる。

〈期間延長〉

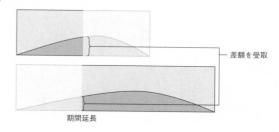

差額を受取

期間延長

★課税の取扱い

▼差額を支払った場合

保障期間を長く，短期払の契約で払込期間を短くする場合，差額の積立金を支払うことになる。

差額を支払った場合には，その支払った年の生命保険料控除の対象となる。

▼差額を受け取った場合

保障期間を短く，短期払の契約で払込期間を長くする場合，差額の積立金を受け取ることになる。

差額を受け取った場合には，減額の際と同様に課税が発生し，一般的には一時所得として課税される。

受け取った返戻金−既払込保険料−特別控除(50万円)＝一時所得の金額

Column 保険のキホン　給付・反対給付均等の原則

給付・反対給付均等の原則とは，保険料が保険事故の発生確率と保障額に対して見合ったものになっているかという意味である。

収支相等の原則と同じで，保険料（運用益を含む）と保険金（付加保険料を含む）の均衡を保つ意味では同義となるが，収支相等の原則は保険会社全体のことを言うのに対し，給付・反対給付均等の原則は，個別の保険商品で均衡を保つこと，保険契約者にとって期待される保険金と支払う保険料を等しくすることを指している。

この原則は，生命保険商品よりも，損害保険商品の値上がりなどの解説の際によく活用される。

生命保険の保険料を算出するにあたっても，同じ保障額でも年をとるにつれて高く，同じ年齢でも男性と女性では男性が高くなる。つまり，保険契約者が同じ保険料を負担すると，若い人にとっては保険金をもらう機会が少なく損をすることとなり，不公平になる。そこで，生命保険会社では，死亡率を年齢別・男女別に計算した生命表をもとにして，被保険者ごとの保険料が公平になるよう算出している。

要は，リスクの高さに応じて保険料を算出することで保険契約者の負担は公平となる。この原則が，給付反対給付均等の原則である。

★要するに

契約者≠被保険者の生命保険契約の場合，契約者が死亡した場合であっても，被保険者は生存しており契約は継続する。ただし，契約者が死亡したことにより，契約者を変更して契約が継続される。

★課税について

▼契約者死亡（相続発生）時

相続開始時に，まだ保険事故が発生していない生命保険契約に関する権利の価額は，相続開始時の契約を解約したとして支払われることとなる解約返戻金の額によって評価する。

解約返戻金以外に一緒に支払われる前納保険料の残額，積立配当金等は加算する。

金融類似商品に該当し，解約返戻金の額につき源泉徴収されるべき所得税の額に相当する金額がある場合には，その金額を差し引いた金額により生命保険契約に関する権利の価額を評価する。また，解約返戻金のないものは評価されない。

相続税評価額（生命保険の権利の評価）＝解約返戻金相当額

相続時のこの生命保険の権利の評価は相続財産としては本来の相続財産（死亡保険金はみなし相続財産）となり，遺言のない場合には遺産分割協議で相続人の話し合いで誰が相続するかを決めていただくことになる。保険金の非課税の対象にはならない。

相続放棄の場合には，放棄財産となりこの保険を受け取ることはできない。

▼その後の課税

　相続後，契約者が変更されて保険が継続しており，その後の解約返戻金，死亡や満期保険金，年金などを受け取る際には課税が発生する。

　この際に，所得税が課税され必要経費として既払込保険料を計算する際には，この契約の保険料を当初から相続した新しい契約者が支払ったとして算出する。

　ただし，相続で評価した解約返戻金相当額がそれまでに支払った保険料を超えている場合には，この解約返戻金相当額を必要経費として認められる場合もある。

★留意点

　死亡時の契約者変更については，解約返戻金相当額が100万円超の場合には，支払調書が保険会社から税務署に提出される。

Column 保険のキホン　営業保険料

　実際に保険契約者が支払う保険料は，この営業保険料となることから，一般的には保険料といった場合は営業保険料を指している。また，営業保険料は，表定保険料・総保険料ということもある。

　保険契約者が支払う営業保険料は，保険金，給付金，満期返戻金の支払に充てるための純保険料部分と，経営上の諸経費に充てるための付加保険料部分から構成されており，この両者を加算した金額となる。

＊営業保険料＝純保険料＋付加保険料

　純保険料は，予定死亡率と予定利率によって算出され，付加保険料は，予定事業費率によって算出される。

★要するに

生命保険契約は，一般的には被保険者は変更できないが，契約者・受取人は契約後に変更できる。

この契約者変更については，個人契約の場合には，その時点では課税が発生しないが，契約が消滅した場合に保険料負担割合での課税となる。

★課税について

税法では，保険の契約者の変更があったとしても，その変更時点では贈与税が課せられることはない。

▼解約の場合

新しい契約者が保険契約を解約し，解約返戻金を取得した場合は，前の保険契約者と後の保険契約者がそれぞれ負担した保険料でその解約返戻金相当額を按分し，前の保険契約者が負担した部分の解約返戻金が前の保険契約者から後の保険契約者への贈与となり，贈与税が課税される。

> 贈与税の課税対象＝解約返戻金×前契約者の負担分の保険料相当額÷支払保険料相当額

▼満期保険金受取の場合

元の契約者と満期保険金受取人の関係，後の契約者と満期保険金受取人の関係でそれぞれ課税される。

満期保険金で受け取った保険金をそれぞれの負担した保険料割合で課税される。

> 所得税の課税対象＝満期保険金×満期保険金受取人負担分の保険料相当額÷支払保険料相当額−満期保険金受取人負担分の保険料相当額

> 贈与税の課税対象＝満期保険金×満期保険金受取人以外負担分の保険料相当額÷支払保険料相当額

▼死亡保険金受取の場合

　元の契約者と死亡保険金受取人の関係，後の契約者と死亡保険金受取人の関係でそれぞれ課税される。

　死亡保険金で受け取った保険金をそれぞれの負担した保険料割合で課税される。

所得税の課税対象＝死亡保険金×死亡保険金受取人負担分の保険料相当額÷支払保険料相当額－死亡保険金受取人負担分の保険料相当額

贈与税の課税対象＝死亡保険金×|死亡保険金受取人(≠被保険者)以外負担分の保険料相当額|÷支払保険料相当額

相続税の課税対象＝死亡保険金×|死亡保険金受取人(＝被保険者)負担分の保険料相当額|÷支払保険料相当額

★留意点

　契約者を変更した契約があり，その後変更前の契約者が死亡した場合，契約者死亡時の解約返戻金を，死亡した契約者が負担した保険料と変更後の保険料負担者が負担した保険料で按分して，死亡した契約者が負担した部分が相続で課税されるとされている。

　契約者変更については，平成30（2018）年1月1日から，支払調書発行時に記載されている。

★要するに

　生命保険契約は，一般的には被保険者は変更できないが，契約者・受取人は契約後に変更できる。

　受取人変更については，個人契約の場合には，何度変更しても課税は発生しない。実際に保険金を受け取った際の受取人が被保険者・契約者（保険料負担者）との関係で課税される。

　ただし，年金のようにすでに年金を受給する権利が確定しており，この年金受取人を変更した場合には，その年金受給権の評価が課税対象となる。

★課税について

▼満期保険金受取人・死亡保険金受取人変更

　税法では，保険の受取人の変更があったとしても，その変更時点では課税されることはない。

▼年金受取人変更（年金開始前）

　年金の受給権の支払事由が発生する前，年金開始前に年金受取人を変更しても，その変更時点では課税されることはない。

▼年金受取人変更（年金開始後）

　年金開始後に年金受取人を死亡ではなく年金受取人変更した場合，その取扱いは保険種類と契約者・年金受取人・後継年金受取人の関係で相違する（年金受取人の死亡以外の受取人変更は取り扱わない商品もあるので注意）。

　旧年金受取人から新年金受取人に対する贈与税が発生する。ただし，新しい年金受取人がもとの保険料負担者の場合には，贈与税が発生しないこととされている。

　贈与税の評価については，年金受給権の評価となる。

・年金受給権の課税

贈与税の課税対象＝年金受給権の評価額−基礎控除(110万円)

贈与税の課税対象となる年金受給権は，以下の計算式で算出。

☞年金受給権の評価（平成22（2010）年税制改正）

> ①解約して年金原資を受け取った額
> ②年金に代えて一時金の給付を受けられる場合には当該一時金の金額
> ③年金の給付を受ける残存期間[※1]に応じ，給付を受ける金額の1年当たりの平均額に，予定利率[※2]による複利年金現価率を乗じた金額
> ①～③のいずれか多い金額

※1　年金の給付を受ける残存期間
・確定年金：支給期間（5・10・15年等）
・有期年金：支給期間の年数と余命年数のいずれか短い年数
・終身年金：余命年数
・保証期間付有期年金：余命年数と保証期間のいずれか長い年数と支払期間のいずれか短い年数
・保証期間付終身年金：保証期間と余命年数のいずれか長い年数

〔余命年数表〕

年齢	55	60	61	62	63	64	65	66	67	68	69	70	75	80
男性	23	19	18	17	17	16	15	14	14	13	12	12	8	6
女性	27	23	22	21	20	19	18	18	17	16	15	14	11	8

（出所）所得税法施行令第82条の3別表（☞100頁）の余命年数表から抜粋

※2　予定利率は契約の予定利率で，端数処理はしない。

Column 保険のキホン　自然保険料と平準保険料

　自然保険料とは，加入者の年齢ごとにその死亡率に応じた保険料を徴収する方式の保険料のことで，生命表での死亡率は各年齢で相違するので，この毎年の収支相等の原則を活用して算出された保険料が自然保険料である。

　この保険料の場合は，毎年支払う保険料が変わることになる。基本的には死亡率は年齢を重ねるほど高まる。そのため，年齢が高くなるほどに自然保険料は上昇する。

　実際のほとんどの保険は，期間中の保険料を同一額にならした平準保険料を採用している。保険料払込期間に支払う保険料を一定額になるよう平準化した保険料を平準保険料という。

第4章

その他の税務

4-1 支払調書

★要するに

　支払調書とは，特定の支払をした事業者が，税務署に提出する書類。生命保険会社は，一定の支払や手続きに対して税務署に支払調書を発行する。支払調書は税務署に対して発行されるもので，契約者などに対して発行されるものではない。また，支払調書が発行されることと課税の有無は関係ない。

★概要

　支払調書が提出されている生命保険の取引は以下のとおり。

- ・1回の支払金額が100万円を超える保険金・解約返戻金
- ・年間20万円以上の年金（契約者＝年金受取人）
- ・年金（契約者≠年金受取人，年金・収入保障保険）
- ・死亡（相続）による契約者の変更

　実際にお金を受け取っていない，死亡による契約者変更や贈与税がかかる年金開始時にも発行されている。

▼保険金を受け取った場合

▽所得税・相続税法：生命保険契約等の一時金の支払調書

- ・受取人氏名，住所，個人番号
- ・契約者氏名，住所，個人番号
- ・被保険者氏名，住所
- ・保険金額等（または満期金額，解約返戻金額）
- ・保険料総額（既払込保険料総額）
- ・保険事故発生日，保険金等の支払日
- ・直前の契約者の氏名・住所※
- ・契約者変更の回数※
- ・支払時の契約者の既払込保険料※

※平成30（2018）年追加

▼契約者死亡の場合

▽相続税法：保険契約者等の異動に関する調書

- ・死亡した契約者の氏名・住所・死亡日
- ・新契約者の氏名・住所
- ・解約返戻金相当額
- ・既払込保険料
- ・死亡した契約者の既払込保険料

★提出時期

翌年1月31日（相続税の保険金は翌月15日）

一時金の支払調書

令和　年分　生命保険契約等の一時金の支払調書

保険金等受取人	住所（居所）又は所在地		氏名又は名称 個人番号又は法人番号	
保険契約者又は保険料等払込人	住所（居所）又は所在地		氏名又は名称 個人番号又は法人番号	
被保険者等			氏名又は名称	

保険金額等	増加又は割増保険金額	未払利益配当金等	貸付金額、同末収利息
千　円	千　円	千　円	千　円

未払込保険料等	前納保険料等払戻金	差引支払保険金額等	既払込保険料等
千　円	千　円	千　円	（内）千　円

保険事故等		保険事故等の発生年月日	年　月　日	（摘要）
保険等の種類		保険金等の支払年月日	年　月　日	
契約者変更の回数				

保険会社等	所在地			
	名称	（電話）	法人番号	

整　理　欄	①	

310

年金の支払調書

令和　年分　生命保険契約等の年金の支払調書

支払を受ける者	住所又は居所		氏名		個人番号	

年金の種類	年金の支払金額	年金の支払金額に対応する保険料又は掛金額	差引金額	源泉徴収税額
	千　円	千　円	千　円	千　円

契約者	住所（居所）又は所在地		氏名又は名称 法人番号	

相続保険年金に該当	年金の支払開始日	残存期間	支払開始日	支払期間	保証期間
	年　月　日	年	歳	年	年
	支払総額又は支払総額見込額 千　円	支払総額等のうちに保険料又は掛金額の占める割合 ％	年金に係る権利について相続税法第24条の規定により評価された額 千　円		

| （摘要） | | | | | |

支払者	所在地			
	名称	（電話）	法人番号	

整　理　欄	①		②	

366

契約者変更の調書

保険契約者等の異動に関する調書

新保険契約者等	住所（居所）又は所在地		氏名又は名称	
死亡した保険契約者等				
被保険者等				

解約返戻金相当額	既払込保険料等の総額	死亡した保険契約者等の払込保険料等
円	円	円

評価日	1 保険契約者等の死亡日 2 契約者変更の効力発生日	保険契約者等の死亡日	年　月　日	（摘要）
保険等の種類		契約者変更の効力発生日	年　月　日	（　　年　月　日提出）

保険会社等	所在地			
	名称	（電話）	法人番号	

整　理　欄	①		②	

386

（出所）国税庁ホームページ「法定調書関係」より

83

4-2 外貨建商品-評価-

★要するに

外貨建生命保険は，保険料や保険金等が外貨建てとなっている生命保険。保険料を払い込む，保険金を受け取る際の金銭の授受は円換算額で行われるため，為替相場の影響を受ける。

商品の中には，外貨での払込や受取が可能な商品もあるが，その場合は外貨口座が必要となる。そこで，保険料円入金特約や円支払特約（または円換算払込特約や円換算貸付特約）を付加し，円での保険料支払や保険金の受取を可能としている。

円建てで受け取るために円換算する際は，TTS（電信売相場）・TTB（電信買相場）による換算レートに会社所定により為替手数料を加えていることが多い。

★課税について

保険料円入金特約や円支払特約（または円換算払込特約や円換算貸付特約）で，実際に支払う・受取が円建てである場合は，この円建ての金額で課税される。

外貨での支払・受取や，「年金の受給権の評価」および契約者死亡の「生命保険の権利の評価」の場合は円貨に換算して課税される。

		税目	換算日	為替レート
支払	保険料	所得税	会社受領日	TTM
受取	年金	所得税（雑所得）	年金支払日	TTM
	解約返戻金	所得税（一時所得）	解約日 書類到着日	TTM
		所得税（源泉分離課税）		TTB
	死亡保険金	所得税（一時所得）	死亡日 支払事由発生日	TTM
		相続・贈与税		TTB
評価	年金受給権	贈与税	年金開始日	TTB
	権利の評価	相続税	死亡日	TTB

計算で活用する為替レートは，主要金融機関が公表する対顧客直物電信売相場（TTS）と対顧客直物電信買相場（TTB）の中値（TTM）により円貨換算される。

★留意点

　換算した後は，それぞれの円貨での課税の取扱いと同様となる。

Column 保険のキホン　解約返戻金

　生命保険において，保険契約の解約，失効，解除などの場合に契約者に還付される金額を解約返戻金と呼ぶ。

　生命保険会社は，保険契約上の責任である保険金などの保険給付の支払を行うために準備している。この準備資金が責任準備金である。解約返戻金は，実際にはこの責任準備金から解約控除などを差し引いた金額となり支払われる。

　死亡保障のみの定期保険で考えると，1年定期保険のように，毎年の支払う保険料が自然保険料であれば，死亡保険金の支払の財源となる部分にあたる保険料は，死亡保険金支出が相等するように算定されている。

　しかし，例えば10年定期保険で保険料が10年間の平準保険料の場合，保険期間の前半で余る部分を後半の不足を補うために積み立てておかなければならない。この積み立てる部分が責任準備金となる。

付録

参照法令等

★参照法令等

保険業法第3条第4項第二号	**（免許）** 4　生命保険業免許は，第一号に掲げる保険の引受けを行い，又はこれに併せて第二号若しくは第三号に掲げる保険の引受けを行う事業に係る免許とする。 一　（略） 二　次に掲げる事由に関し，一定額の保険金を支払うこと又はこれらによって生ずることのある当該人の損害をてん補することを約し，保険料を収受する保険 イ　人が疾病にかかったこと。 ロ　傷害を受けたこと又は疾病にかかったことを原因とする人の状態 ハ　傷害を受けたことを直接の原因とする人の死亡 ニ　イ又はロに掲げるものに類するものとして内閣府令で定めるもの（人の死亡を除く。） ホ　イ，ロ又はニに掲げるものに関し，治療（治療に類する行為として内閣府令で定めるものを含む。）を受けたこと。 （以下略）
所得税法第22条	**（課税標準）** 　居住者に対して課する所得税の課税標準は，総所得金額，退職所得金額及び山林所得金額とする。 2　総所得金額は，次節（各種所得の金額の計算）の規定により計算した次に掲げる金額の合計額（第70条第1項若しくは第2項（純損失の繰越控除）又は第71条第1項（雑損失の繰越控除）の規定の適用がある場合には，その適用後の金額）とする。 一　利子所得の金額，配当所得の金額，不動産所得の金額，事業所得の金額，給与所得の金額，譲渡所得の金額（第33条第3項第一号（譲渡所得の金額の計算）に掲げる所得に係る部分の金額に限る。）及び雑所得の金額（これらの金額につき第69条（損益通算）の規定の適用がある場合には，その適用後の金額）の合計額 二　譲渡所得の金額（第33条第3項第二号に掲げる所得に係る部分の金額に限る。）及び一時所得の金額（これらの金額につき第69条の規定の適用がある場合には，その適用後の金額）の合計額の2分の1に相当する金額 3　退職所得金額又は山林所得金額は，それぞれ次節の規定により計算した退職所得の金額又は山林所得の金額（これらの金額につき第69条から第71条までの規定の適用がある場合には，その適用後の金額）とする。
所得税法第34条	**（一時所得）** 　一時所得とは，利子所得，配当所得，不動産所得，事業所得，給与所得，退職所得，山林所得及び譲渡所得以外の所得のうち，営利を目的とする継続的行為から生じた所得

88

以外の一時の所得で労務その他の役務又は資産の譲渡の対価としての性質を有しないものをいう。

2　一時所得の金額は，その年中の一時所得に係る総収入金額からその収入を得るために支出した金額（その収入を生じた行為をするため，又はその収入を生じた原因の発生に伴い直接要した金額に限る。）の合計額を控除し，その残額から一時所得の特別控除額を控除した金額とする。

3　前項に規定する一時所得の特別控除額は，50万円（同項に規定する残額が50円に満たない場合には，当該残額）とする。

所得税法第35条	**（雑所得）**
	雑所得とは，利子所得，配当所得，不動産所得，事業所得，給与所得，退職所得，山林所得，譲渡所得及び一時所得のいずれにも該当しない所得をいう。 2　雑所得の金額は，次の各号に掲げる金額の合計額とする。 一　その年中の公的年金等の収入金額から公的年金等控除額を控除した残額 二　その年中の雑所得（公的年金等に係るものを除く。）に係る総収入金額から必要経費を控除した金額 3　前項に規定する公的年金等とは，次に掲げる年金をいう。 一　第31条第一号及び第二号（退職手当等とみなす一時金）に規定する法律の規定に基づく年金その他同条第一号及び第二号に規定する制度に基づく年金（これに類する給付を含む。第三号において同じ。）で政令で定めるもの 二　恩給（一時恩給を除く。）及び過去の勤務に基づき使用者であった者から支給される年金 三　確定給付企業年金法の規定に基づいて支給を受ける年金（第31条第三号に規定する規約に基づいて拠出された掛金のうちにその年金が支給される同法第25条第１項（加入者）に規定する加入者（同項に規定する加入者であった者を含む。）の負担した金額がある場合には，その年金の額からその負担した金額のうちその年金に対応するものとして政令で定めるところにより計算した金額を控除した金額に相当する部分に限る。）その他これに類する年金として政令で定めるもの 4　第２項に規定する公的年金等控除額は，次の各号に掲げる場合の区分に応じ当該各号に定める金額とする。 一　その年中の公的年金等の収入金額がないものとして計算した場合における第２条第１項第三十号（定義）に規定する合計所得金額（次号及び第三号において「公的年金等に係る雑所得以外の合計所得金額」という。）が1,000万円以下である場合　次に掲げる金額の合計額（当該合計額が60万円に満たない場合には，60万円） イ　40万円 ロ　その年中の公的年金等の収入金額から50万円を控除し

89

た残額の次に掲げる場合の区分に応じそれぞれ次に定める金額

(1) 当該残額が360万円以下である場合　当該残額の100分の25に相当する金額

(2) 当該残額が360万円を超え720万円以下である場合　90万円と当該残額から360万円を控除した金額の100分の15に相当する金額との合計額

(3) 当該残額が720万円を超え950万円以下である場合　144万円と当該残額から720万円を控除した金額の100分の5に相当する金額との合計額

(4) 当該残額が950万円を超える場合　155万5000円

二　その年中の公的年金等に係る雑所得以外の合計所得金額が1,000万円を超え2,000万円以下である場合　次に掲げる金額の合計額（当該合計額が50万円に満たない場合には，50万円）

イ　30万円

ロ　前号ロに掲げる金額

三　その年中の公的年金等に係る雑所得以外の合計所得金額が2,000万円を超える場合　次に掲げる金額の合計額（当該合計額が40万円に満たない場合には，40万円）

イ　20万円

ロ　第一号ロに掲げる金額

所得税法第76条	**（生命保険料控除）** 　居住者が，各年において，新生命保険契約等に係る保険料若しくは掛金（第5項第一号から第三号までに掲げる契約に係るものにあっては生存又は死亡に基因して一定額の保険金，共済金その他の給付金（以下この条において「保険金等」という。）を支払うことを約する部分（第3項において「生存死亡部分」という。）に係るものその他政令で定めるものに限るものとし，次項に規定する介護医療保険料及び第3項に規定する新個人年金保険料を除く。以下この項及び次項において「新生命保険料」という。）又は旧生命保険契約等に係る保険料若しくは掛金（第3項に規定する旧個人年金保険料その他政令で定めるものを除く。以下この項において「旧生命保険料」という。）を支払った場合には，次の各号に掲げる場合の区分に応じ当該各号に定める金額を，その居住者のその年分の総所得金額，退職所得金額又は山林所得金額から控除する。 一　新生命保険料を支払った場合（第三号に掲げる場合を除く。）　次に掲げる場合の区分に応じそれぞれ次に定める金額 イ　その年中に支払った新生命保険料の金額の合計額（その年において新生命保険契約等に基づく剰余金の分配若しくは割戻金の割戻しを受け，又は新生命保険契約等に基づき分配を受ける剰余金若しくは割戻しを受ける割戻金をもって新生命保険料の払込みに充てた場合には，当該剰余金又は割戻金の額（新生命保険料に係る部分の金額として政令で定めるところにより計算した金額に限

る。）を控除した残額。以下この号及び第三号イにおいて
同じ。）が2万円以下である場合　当該合計額

ロ　その年中に支払った新生命保険料の金額の合計額が2
万円を超え4万円以下である場合　2万円と当該合計額
から2万円を控除した金額の2分の1に相当する金額と
の合計額

ハ　その年中に支払った新生命保険料の金額の合計額が4
万円を超え8万円以下である場合　3万円と当該合計額
から4万円を控除した金額の4分の1に相当する金額と
の合計額

ニ　その年中に支払った新生命保険料の金額の合計額が8
万円を超える場合　4万円

二　旧生命保険料を支払った場合（次号に掲げる場合を除
く。）　次に掲げる場合の区分に応じそれぞれ次に定める
金額

イ　その年中に支払った旧生命保険料の金額の合計額（そ
の年において旧生命保険契約等に基づく剰余金の分配若
しくは割戻金の割戻しを受け，又は旧生命保険契約等に
基づき分配を受ける剰余金若しくは割戻しを受ける割戻
金をもつて旧生命保険料の払込みに充てた場合には，当
該剰余金又は割戻金の額（旧生命保険料に係る部分の金
額に限る。）を控除した残額。以下この号及び次号ロにお
いて同じ。）が2万5千円以下である場合　当該合計額

ロ　その年中に支払った旧生命保険料の金額の合計額が2
万5千円を超え5万円以下である場合　2万5千円と当
該合計額から2万5千円を控除した金額の2分の1に相
当する金額との合計額

ハ　その年中に支払った旧生命保険料の金額の合計額が5
万円を超え10万円以下である場合　3万7500円と当該合
計額から5万円を控除した金額の4分の1に相当する金
額との合計額

ニ　その年中に支払った旧生命保険料の金額の合計額が10
万円を超える場合　5万円

三　新生命保険料及び旧生命保険料を支払った場合　その
支払った次に掲げる保険料の区分に応じそれぞれ次に定
める金額の合計額（当該合計額が4万円を超える場合に
は，4万円）

イ　新生命保険料　その年中に支払った新生命保険料の金
額の合計額の第一号イからニまでに掲げる場合の区分に
応じそれぞれ同号イからニまでに定める金額

ロ　旧生命保険料　その年中に支払った旧生命保険料の金
額の合計額の前号イからニまでに掲げる場合の区分に応
じそれぞれ同号イからニまでに定める金額

2　居住者が，各年において，介護医療保険契約等に係る
保険料又は掛金（病院又は診療所に入院して第73条第2
項（医療費控除）に規定する医療費を支払ったことその
他の政令で定める事由（第6項及び第7項において「医
療費等支払事由」という。）に基因して保険金等を支払う
ことを約する部分に係るものその他政令で定めるものに

限るものとし，新生命保険料を除く。以下この項において「介護医療保険料」という。）を支払った場合には，次の各号に掲げる場合の区分に応じ当該各号に定める金額を，その居住者のその年分の総所得金額，退職所得金額又は山林所得金額から控除する。

一　その年中に支払った介護医療保険料の金額の合計額（その年において介護医療保険契約等に基づく剰余金の分配若しくは割戻金の割戻しを受け，又は介護医療保険契約等に基づき分配を受ける剰余金若しくは割戻しを受ける割戻金をもって介護医療保険料の払込みに充てた場合には，当該剰余金又は割戻金の額（介護医療保険料に係る部分の金額として政令で定めるところにより計算した金額に限る。）を控除した残額。以下この項において同じ。）が２万円以下である場合　当該合計額

二　その年中に支払った介護医療保険料の金額の合計額が２万円を超え４万円以下である場合　２万円と当該合計額から２万円を控除した金額の２分の１に相当する金額との合計額

三　その年中に支払った介護医療保険料の金額の合計額が４万円を超え８万円以下である場合　３万円と当該合計額から４万円を控除した金額の４分の１に相当する金額との合計額

四　その年中に支払った介護医療保険料の金額の合計額が８万円を超える場合　４万円

3　居住者が，各年において，新個人年金保険契約等に係る保険料若しくは掛金（生存死亡部分に係るものに限る。以下この項において「新個人年金保険料」という。）又は旧個人年金保険契約等に係る保険料若しくは掛金（その者の疾病又は身体の傷害その他これらに類する事由に基因して保険金等を支払う旨の特約が付されている契約にあっては，当該特約に係る保険料又は掛金を除く。以下この項において「旧個人年金保険料」という。）を支払った場合には，次の各号に掲げる場合の区分に応じ当該各号に定める金額を，その居住者のその年分の総所得金額，退職所得金額又は山林所得金額から控除する。

一　新個人年金保険料を支払った場合（第三号に掲げる場合を除く。）　次に掲げる場合の区分に応じそれぞれ次に定める金額

イ　その年中に支払った新個人年金保険料の金額の合計額（その年において新個人年金保険契約等に基づく剰余金の分配若しくは割戻金の割戻しを受け，又は新個人年金保険契約等に基づき分配を受ける剰余金若しくは割戻しを受ける割戻金をもって新個人年金保険料の払込みに充てた場合には，当該剰余金又は割戻金の額（新個人年金保険料に係る部分の金額として政令で定めるところにより計算した金額に限る。）を控除した残額。以下この号及び第三号イにおいて同じ。）が２万円以下である場合　当該合計額

ロ　その年中に支払った新個人年金保険料の金額の合計額

が2万円を超え4万円以下である場合　2万円と当該合計額から2万円を控除した金額の2分の1に相当する金額との合計額

ハ　その年中に支払った新個人年金保険料の金額の合計額が4万円を超え8万円以下である場合　3万円と当該合計額から4万円を控除した金額の4分の1に相当する金額との合計額

ニ　その年中に支払った新個人年金保険料の金額の合計額が8万円を超える場合　4万円

二　旧個人年金保険料を支払った場合（次号に掲げる場合を除く。）　次に掲げる場合の区分に応じそれぞれ次に定める金額

イ　その年中に支払った旧個人年金保険料の金額の合計額（その年において旧個人年金保険契約等に基づく剰余金の分配若しくは割戻金の割戻しを受け，又は旧個人年金保険契約等に基づき分配を受ける剰余金若しくは割戻しを受ける割戻金をもつて旧個人年金保険料の払込みに充てた場合には，当該剰余金又は割戻金の額（旧個人年金保険料に係る部分の金額に限る。）を控除した残額。以下この号及び次号ロにおいて同じ。）が2万5千円以下である場合　当該合計額

ロ　その年中に支払った旧個人年金保険料の金額の合計額が2万5千円を超え5万円以下である場合　2万5千円と当該合計額から2万5千円を控除した金額の2分の1に相当する金額との合計額

ハ　その年中に支払った旧個人年金保険料の金額の合計額が5万円を超え10万円以下である場合　3万7500円と当該合計額から5万円を控除した金額の4分の1に相当する金額との合計額

ニ　その年中に支払った旧個人年金保険料の金額の合計額が10万円を超える場合　5万円

三　新個人年金保険料及び旧個人年金保険料を支払った場合　その支払った次に掲げる保険料の区分に応じそれぞれ次に定める金額の合計額（当該合計額が4万円を超える場合には，4万円）

イ　新個人年金保険料　その年中に支払った新個人年金保険料の金額の合計額の第一号イからニまでに掲げる場合の区分に応じそれぞれ同号イからニまでに定める金額

ロ　旧個人年金保険料　その年中に支払った旧個人年金保険料の金額の合計額の前号イからニまでに掲げる場合の区分に応じそれぞれ同号イからニまでに定める金額

4　前3項の規定によりその居住者のその年分の総所得金額，退職所得金額又は山林所得金額から控除する金額の合計額が12万円を超える場合には，これらの規定により当該居住者のその年分の総所得金額，退職所得金額又は山林所得金額から控除する金額は，これらの規定にかかわらず，12万円とする。

5　第1項に規定する新生命保険契約等とは，平成24年1月1日以後に締結した次に掲げる契約（失効した同日前

に締結した当該契約が同日以後に復活したものを除く。以下この項において「新契約」という。）若しくは他の保険契約（共済に係る契約を含む。第7項及び第8項において同じ。）に附帯して締結した新契約又は同日以後に確定給付企業年金法第3条第1項第一号（確定給付企業年金の実施）その他政令で定める規定（次項において「承認規定」という。）の承認を受けた第四号に掲げる規約若しくは同条第1項第二号その他政令で定める規定（次項において「認可規定」という。）の認可を受けた同号に規定する基金（次項において「基金」という。）の第四号に掲げる規約（以下この項及び次項において「新規約」と総称する。）のうち、これらの新契約又は新規約に基づく保険金等の受取人のすべてをその保険料若しくは掛金の払込みをする者又はその配偶者その他の親族とするものをいう。

一　保険業法第2条第3項（定義）に規定する生命保険会社又は同条第8項に規定する外国生命保険会社等の締結した保険契約のうち死亡に基因して一定額の保険金等が支払われるもの（保険期間が五年に満たない保険契約で政令で定めるもの（次項において「特定保険契約」という。）及び当該外国生命保険会社等が国外において締結したものを除く。）

二　郵政民営化法等の施行に伴う関係法律の整備等に関する法律（平成17年法律第102号）第2条（法律の廃止）の規定による廃止前の簡易生命保険法（昭和24年法律第68号）第3条（政府保証）に規定する簡易生命保険契約（次項及び第7項において「旧簡易生命保険契約」という。）のうち生存又は死亡に基因して一定額の保険金等が支払われるもの

三　農業協同組合法（昭和22年法律第132号）第10条第1項第十号（共済に関する施設）の事業を行う農業協同組合の締結した生命共済に係る契約（共済期間が5年に満たない生命共済に係る契約で政令で定めるものを除く。）その他政令で定めるこれに類する共済に係る契約（次項及び第7項において「生命共済契約等」という。）のうち生存又は死亡に基因して一定額の保険金等が支払われるもの

四　確定給付企業年金法第3条第1項に規定する確定給付企業年金に係る規約又はこれに類する退職年金に関する契約で政令で定めるもの

6　第1項に規定する旧生命保険契約等とは、平成23年12月31日以前に締結した次に掲げる契約（失効した同日以前に締結した当該契約が同日後に復活したものを含む。）又は同日以前に承認規定の承認を受けた第五号に掲げる規約若しくは認可規定の認可を受けた基金の同号に掲げる規約（新規約を除く。）のうち、これらの契約又は規約に基づく保険金等の受取人のすべてをその保険料若しくは掛金の払込みをする者又はその配偶者その他の親族とするものをいう。

一　前項第一号に掲げる契約
二　旧簡易生命保険契約
三　生命共済契約等
四　前項第一号に規定する生命保険会社等若しくは外国生命
　　保険会社等又は保険業法第２条第４項に規定する損害保険
　　会社若しくは同条第９項に規定する外国損害保険会社
　　等の締結した疾病又は身体の傷害その他これらに類する
　　事由に基因して保険金等が支払われる保険契約（第一号
　　に掲げるもの，保険金等の支払事由が身体の傷害のみに
　　基因することとされているもの，特定保険契約，当該外
　　国生命保険会社等又は当該外国損害保険会社等が国外に
　　おいて締結したものその他政令で定めるものを除く。）の
　　うち，医療費等支払事由に基因して保険金等が支払われ
　　るもの
五　前項第四号に掲げる規約又は契約
7　第２項に規定する介護医療保険契約等とは，平成24年
　　１月１日以後に締結した次に掲げる契約（失効した同日
　　前に締結した当該契約が同日以後に復活したものを除
　　く。以下この項において「新契約」という。）又は他の保
　　険契約に附帯して締結した新契約のうち，これらの新契
　　約に基づく保険金等の受取人のすべてをその保険料若し
　　くは掛金の払込みをする者又はその配偶者その他の親族
　　とするものをいう。
一　前項第四号に掲げる契約
二　疾病又は身体の傷害その他これらに類する事由に基因
　　して保険金等が支払われる旧簡易生命保険契約又は生命
　　共済契約等（第５項第二号及び第三号に掲げるもの，保
　　険金等の支払事由が身体の傷害のみに基因するものその
　　他政令で定めるものを除く。）のうち医療費等支払事由に
　　基因して保険金等が支払われるもの
8　第３項に規定する新個人年金保険契約等とは，平成24
　　年１月１日以後に締結した第５項第一号から第三号まで
　　に掲げる契約（年金を給付する定めのあるもので政令で
　　定めるもの（次項において「年金給付契約」という。）に
　　限るものとし，失効した同日前に締結した当該契約が同
　　日以後に復活したものを除く。以下この項において「新
　　契約」という。）又は他の保険契約に附帯して締結した新
　　契約のうち，次に掲げる要件の定めのあるものをいう。
一　当該契約に基づく年金の受取人は，次号の保険料若し
　　くは掛金の払込みをする者又はその配偶者が生存してい
　　る場合にはこれらの者のいずれかとするものであるこ
　　と。
二　当該契約に基づく保険料又は掛金の払込みは，年金支
　　払開始日前10年以上の期間にわたって定期に行うもので
　　あること。
三　当該契約に基づく第一号に定める個人に対する年金の
　　支払は，当該年金の受取人の年齢が60歳に達した日以後
　　の日で当該契約で定める日以後10年以上の期間又は当該
　　受取人が生存している期間にわたって定期に行うもので

あることその他の政令で定める要件
9　第3項に規定する旧個人年金保険契約等とは、平成23
年12月31日以前に締結した第6項第一号から第三号まで
に掲げる契約（年金給付契約に限るものとし、失効した
同日以前に締結した当該契約が同日後に復活したものを
含む。）のうち、前項各号に掲げる要件の定めのあるもの
をいう。
10　平成24年1月1日以後に第6項に規定する旧生命保険
契約等又は前項に規定する旧個人年金保険契約等に附帯
して第5項、第7項又は第8項に規定する新契約を締結
した場合には、当該旧生命保険契約等又は旧個人年金保
険契約等は、同日以後に締結した契約とみなして、第1
項から第5項まで、第7項及び第8項の規定を適用する。
11　第1項から第4項までの規定による控除は、生命保険
料控除という。

| 所得税法第225条 | **（支払調書及び支払通知書）** |

次の各号に掲げる者は、財務省令で定めるところによ
り、当該各号に規定する支払（第十号及び第十一号に規定
する交付並びに第十三号に規定する差金等決済を含む。）に
関する調書を、その支払（当該交付及び当該差金等決済を
含む。）の確定した日（第一号又は第八号に規定する支払に
関する調書のうち無記名の公社債の利子又は無記名の貸付
信託、公社債投資信託若しくは公募公社債等運用投資信託
の受益証券に係る収益の分配に関するもの及び第二号又は
第八号に規定する支払に関する調書のうち無記名株式等の
剰余金の配当（第24条第1項（配当所得）に規定する剰余
金の配当をいう。）又は無記名の投資信託（公社債投資信託
及び公募公社債等運用投資信託を除く。）若しくは特定受益
証券発行信託の受益証券に係る収益の分配に関するものに
ついては、その支払をした日。以下この項において同じ。）
の属する年の翌年1月31日まで（第二号に規定する支払に
関する調書並びに第八号に規定する支払に関する調書のう
ち第二号に規定する配当等及び第161条第1項第四号（国内
源泉所得）に掲げる国内源泉所得に関するものについては
その支払の確定した日から1月以内とし、第十四号に規定
する支払に関する調書についてはその支払の確定した日の
属する月の翌月末日までとする。）に、税務署長に提出しな
ければならない。
一　居住者又は内国法人に対し国内において第23条第1項
（利子所得）に規定する利子等の支払をする者（当該利子
等のうち、国外において発行された公社債又は公社債投
資信託若しくは公募公社債等運用投資信託の受益権に係
るもので居住者又は内国法人に対して支払われるものの
国内における支払の取扱者を含む。）
二　居住者又は内国法人に対し国内において第24条第1項
に規定する配当等の支払をする者（当該配当等のうち、
国外において発行された投資信託（公社債投資信託及び
公募公社債等運用投資信託を除く。）若しくは特定受益証

券発行信託の受益権又は株式（資産の流動化に関する法律第2条第5項（定義）に規定する優先出資，公募公社債等運用投資信託以外の公社債等運用投資信託の受益権及び社債的受益権を含む。）に係るもので居住者又は内国法人に対して支払われるものの国内における支払の取扱者を含む。）

三　居住者又は内国法人に対し国内において第204条第1項各号（報酬，料金等に係る源泉徴収義務）に掲げる報酬，料金，契約金若しくは賞金，第209条の2（定期積金の給付補填金等に係る源泉徴収義務）に規定する給付補填金，利息，利益若しくは差益又は第210条（匿名組合契約等の利益の分配に係る源泉徴収義務）に規定する利益の分配につき支払をする者

四　居住者又は内国法人に対し国内において生命保険契約（保険業法第2条第3項（定義）に規定する生命保険会社若しくは同条第8項に規定する外国生命保険会社等の締結した保険契約又は同条第18項に規定する少額短期保険業者の締結したこれに類する保険契約をいい，当該外国生命保険会社等が国外において締結したものを除く。第六号において同じ。）に基づく保険金その他これに類する給付で政令で定めるものの支払をする者

五　居住者又は内国法人に対し国内において損害保険契約（保険業法第2条第4項に規定する損害保険会社若しくは同条第9項に規定する外国損害保険会社等の締結した保険契約又は同条第18項に規定する少額短期保険業者の締結したこれに類する保険契約をいい，当該外国損害保険会社等が国外において締結したものを除く。次号において同じ。）に基づく給付その他これに類する給付で政令で定めるものの支払をする者

六　生命保険契約，損害保険契約その他これらに類する共済に係る契約の締結の代理をする居住者又は内国法人に対し国内においてその報酬の支払をする者

七　削除

八　非居住者又は外国法人に対し国内において第161条第1項第四号若しくは第六号から第十六号までに掲げる国内源泉所得又は第209条第二号（源泉徴収を要しない年金）に掲げる年金の支払をする者

九　前号に該当するものを除くほか，国内において不動産，不動産の上に存する権利，船舶若しくは航空機（以下この号において「不動産等」という。）の貸付け（地上権又は永小作権の設定その他他人に不動産等を使用させることを含む。以下この号において同じ。）若しくは不動産等の譲渡に係る対価又は不動産等の売買若しくは貸付けのあっせんに係る手数料の支払をする法人又は不動産業者（政令で定めるものに限る。）である個人

十　居住者又は恒久的施設を有する非居住者に対し国内において第224条の3第2項（株式等の譲渡の対価の受領者の告知）に規定する株式等の譲渡の対価の支払をする同条第一項各号に掲げる者，同条第3項に規定する金銭等

の交付をする同項に規定する交付をする者又は同条第4項に規定する償還金等の交付をする同項に規定する交付をする者

十一　恒久的施設を有しない非居住者，内国法人（一般社団法人及び一般財団法人（公益社団法人及び公益財団法人を除く。），人格のない社団等並びに法人税法以外の法律によって法人税法第2条第六号（定義）に規定する公益法人等とみなされているもので政令で定めるものに限る。）又は外国法人に対し国内において第224条の3第4項に規定する償還金等のうち政令で定めるものの交付をする同項に規定する交付をする者

十二　居住者又は恒久的施設を有する非居住者に対し国内において第224条の4（信託受益権の譲渡の対価の受領者の告知）に規定する信託受益権の譲渡の対価の支払をする同条各号に掲げる者

十三　居住者又は恒久的施設を有する非居住者が国内において行った第224条の5第2項（先物取引の差金等決済をする者の告知）に規定する差金等決済に係る同項に規定する先物取引の同条第1項各号に掲げる場合の区分に応じ当該各号に定める者

十四　居住者又は恒久的施設を有する非居住者に対し国内において前条に規定する金地金等の譲渡の対価の支払をする同条に規定する支払者

2　次の各号に掲げる者は，財務省令で定めるところにより，当該各号に規定する支払に関する通知書を，その支払の確定した日（第一号に規定する支払に関する通知書のうち無記名の証券投資信託の受益証券に係る収益の分配に関するもの及び第二号に規定する支払に関する通知書のうち無記名株式等の配当に関するものについては，その支払をした日）から1月以内（当該各号に規定する政令で定めるものが交付する場合には，45日以内）に，その支払を受ける者に交付しなければならない。

一　国内においてオープン型の証券投資信託（公社債投資信託を除く。）の収益の分配につき支払をする者（これに準ずる者として政令で定めるものを含む。）

二　国内において第25条第1項（配当等とみなす金額）の規定により剰余金の配当，利益の配当，剰余金の分配又は金銭の分配とみなされるものの支払をする者（これに準ずる者として政令で定めるものを含む。）

3　前項に規定する支払をする者は，同項の規定による通知書の交付に代えて，政令で定めるところにより，当該支払を受ける者の承諾を得て，当該通知書に記載すべき事項を電磁的方法（電子情報処理組織を使用する方法その他の情報通信の技術を利用する方法であって財務省令で定めるものをいう。次条第4項，第231条第2項（給与等，退職手当等又は公的年金等の支払明細書）及び第242条（罰則）において同じ。）により提供することができる。ただし，当該支払を受ける者の請求があるときは，当該通知書を当該支払を受ける者に交付しなければなら

	ない。 4　前項本文の場合において，同項の支払をする者が，第2項の通知書を交付したものとみなす。
所得税法施行令第30条	**（非課税とされる保険金，損害賠償金等）** 　法第9条第1項第十七号（非課税所得）に規定する政令で定める保険金及び損害賠償金（これらに類するものを含む。）は，次に掲げるものその他これらに類するもの（これらのものの額のうちに同号の損害を受けた者の各種所得の金額の計算上必要経費に算入される金額を補てんするための金額が含まれている場合には，当該金額を控除した金額に相当する部分）とする。 一　損害保険契約（保険業法（平成7年法律第105号）第2条第4項（定義）に規定する損害保険会社若しくは同条第9項に規定する外国損害保険会社等の締結した保険契約又は同条第18項に規定する少額短期保険業者（以下この号において「少額短期保険業者」という。）の締結したこれに類する保険契約をいう。以下この条において同じ。）に基づく保険金，生命保険契約（同法第2条第3項に規定する生命保険会社若しくは同条第八項に規定する外国生命保険会社等の締結した保険契約又は少額短期保険業者の締結したこれに類する保険契約をいう。以下この号において同じ。）又は旧簡易生命保険契約（郵政民営化法等の施行に伴う関係法律の整備等に関する法律（平成17年法律第102号）第2条（法律の廃止）の規定による廃止前の簡易生命保険法（昭和24年法律第68号）第3条（政府保証）に規定する簡易生命保険契約をいう。）に基づく給付金及び損害保険契約又は生命保険契約に類する共済に係る契約に基づく共済金で，身体の傷害に基因して支払を受けるもの並びに心身に加えられた損害につき支払を受ける慰謝料その他の損害賠償金（その損害に基因して勤務又は業務に従事することができなかつたことによる給与又は収益の補償として受けるものを含む。） 二　損害保険契約に基づく保険金及び損害保険契約に類する共済に係る契約に基づく共済金（前号に該当するもの及び第184条第4項（満期返戻金等の意義）に規定する満期返戻金等その他これに類するものを除く。）で資産の損害に基因して支払を受けるもの並びに不法行為その他突発的な事故により資産に加えられた損害につき支払を受ける損害賠償金（これらのうち第94条（事業所得の収入金額とされる保険金等）の規定に該当するものを除く。） 三　心身又は資産に加えられた損害につき支払を受ける相当の見舞金（第94条の規定に該当するものその他役務の対価たる性質を有するものを除く。）

別表　余命年数表（第八十二条の三，第百八十五条関係）

年金の支給開始日における年齢	余命年数		年金の支給開始日における年齢	余命年数		年金の支給開始日における年齢	余命年数	
	男	女		男	女		男	女
歳	年		歳	年		歳	年	
0	74	80	33	43	48	66	14	18
1	74	79	34	42	47	67	14	17
2	73	78	35	41	46	68	13	16
3	72	77	36	40	45	69	12	15
4	71	77	37	39	44	70	12	14
5	70	76	38	38	43	71	11	14
6	69	75	39	37	42	72	10	13
7	68	74	40	36	41	73	10	12
8	67	73	41	35	40	74	9	11
9	66	72	42	34	39	75	8	11
10	65	71	43	33	38	76	8	10
11	64	70	44	32	37	77	7	9
12	63	69	45	32	36	78	7	9
13	62	68	46	31	36	79	6	8
14	61	67	47	30	35	80	6	8
15	60	66	48	29	34	81	6	7
16	59	65	49	28	33	82	5	7
17	58	64	50	27	32	83	5	6
18	57	63	51	26	31	84	4	6
19	56	62	52	25	30	85	4	5
20	55	61	53	25	29	86	4	5
21	54	60	54	24	28	87	4	4
22	53	59	55	23	27	88	3	4
23	52	58	56	22	26	89	3	4
24	51	57	57	21	25	90	3	3
25	50	56	58	20	25	91	3	3

26	50	55	59	20	24	92	2	3
27	49	54	60	19	23	93	2	3
28	48	53	61	18	22	94	2	2
29	47	52	62	17	21	95	2	2
30	46	51	63	17	20	96	2	2
31	45	50	64	16	19	97歳以上	1	1
32	44	49	65	15	18			

所得税法施行令第209条	(生命保険料控除の対象とならない保険契約等) 　法第76条第5項第一号(生命保険料控除)に規定する政令で定める保険契約は,保険期間が5年に満たない保険業法第2条第3項(定義)に規定する生命保険会社又は同条第8項に規定する外国生命保険会社等の締結した保険契約のうち,被保険者が保険期間の満了の日に生存している場合に限り保険金等を支払う定めのあるもの又は被保険者が保険期間の満了の日に生存している場合及び当該期間中に災害,感染症の予防及び感染症の患者に対する医療に関する法律(平成10年法律第114号)第6条第2項若しくは第3項(感染症の定義)に規定する一類感染症若しくは二類感染症その他これらに類する特別の事由により死亡した場合に限り保険金等を支払う定めのあるものとする。 2　法第76条第5項第三号に規定する政令で定める生命共済に係る契約は,共済期間が5年に満たない生命共済に係る契約のうち,被共済者が共済期間の満了の日に生存している場合に限り保険金等を支払う定めのあるもの又は被共済者が共済期間の満了の日に生存している場合及び当該期間中に災害,前項に規定する感染症その他これらに類する特別の事由により死亡した場合に限り保険金等を支払う定めのあるものとする。 3　法第76条第6項第四号に規定する政令で定めるものは,外国への旅行のために住居を出発した後,住居に帰着するまでの期間(次項において「海外旅行期間」という。)内に発生した疾病又は身体の傷害その他これらに類する事由に基因して保険金等が支払われる保険契約とする。 4　法第76条第7項第二号に規定する政令で定めるものは,海外旅行期間内に発生した疾病又は身体の傷害その他これらに類する事由に基因して保険金等が支払われる同条第5項第三号に規定する生命共済契約等とする。
所得税法施行令第211条	(年金給付契約の対象となる契約の範囲) 　法第76条第8項(生命保険料控除)に規定する年金を給付する定めのある契約で政令で定めるものは,次に掲げる契約とする。

一　法第76条第5項第一号に掲げる契約で年金の給付を目的とするもの（退職年金の給付を目的とするものを除く。）のうち，当該契約の内容（同条第3項に規定する特約が付されている契約又は他の保険契約に附帯して締結した契約にあっては，当該特約又は他の保険契約の内容を除く。）が次に掲げる要件を満たすもの

イ　当該契約に基づく年金以外の金銭の支払（剰余金の分配及び解約返戻金の支払を除く。）は，当該契約で定める被保険者が死亡し，又は重度の障害に該当することとなった場合に限り行うものであること。

ロ　当該契約で定める被保険者が死亡し，又は重度の障害に該当することとなった場合に支払う金銭の額は，当該契約の締結の日以後の期間又は支払保険料の総額に応じて逓増的に定められていること。

ハ　当該契約に基づく年金の支払は，当該年金の支払期間を通じて年1回以上定期に行うものであり，かつ，当該契約に基づき支払うべき年金（年金の支払開始日から一定の期間内に年金受取人が死亡してもなお年金を支払う旨の定めのある契約にあっては，当該一定の期間内に支払うべき年金とする。）の一部を一括して支払う旨の定めがないこと。

ニ　当該契約に基づく剰余金の金銭による分配（当該分配を受ける剰余金をもって当該契約に係る保険料の払込みに充てられる部分を除く。）は，年金の支払開始日前において行わないもの又は当該剰余金の分配をする日の属する年において払い込むべき当該保険料の金額の範囲内の額とするものであること。

二　法第76条第5項第二号に規定する旧簡易生命保険契約で年金の給付を目的とするもの（退職年金の給付を目的とするものを除く。）のうち，当該契約の内容（同条第3項に規定する特約が付されている契約にあっては，当該特約の内容を除く。）が前号イからニまでに掲げる要件を満たすもの

三　第210条第一号及び第二号（生命共済契約等の範囲）に掲げる生命共済に係る契約（法第76条第5項第三号に規定する農業協同組合の締結した生命共済に係る契約を含む。）で年金の給付を目的とするもの（退職年金の給付を目的とするものを除く。次号において同じ。）のうち，当該契約の内容（法第76条第3項に規定する特約が付されている契約又は他の生命共済に係る契約に附帯して締結した契約にあっては，当該特約又は他の生命共済に係る契約の内容を除く。次号ロにおいて同じ。）が第一号イからニまでに掲げる要件に相当する要件その他の財務省令で定める要件を満たすもの

四　第210条第三号及び第五号に掲げる生命共済に係る契約で年金の給付を目的とするもののうち，次に掲げる要件を満たすものとして財務大臣の指定するもの

イ　当該年金の給付を目的とする生命共済に関する事業に関し，適正に経理の区分が行われていること及び当該事

	業の継続が確実であると見込まれること並びに当該契約に係る掛金の安定運用が確保されていること。
	ロ 当該契約に係る年金の額及び掛金の額が適正な保険数理に基づいて定められており、かつ、当該契約の内容が第一号イからニまでに掲げる要件に相当する要件を満たしていること。
所得税法施行令第212条	**（生命保険料控除の対象となる年金給付契約の要件）** 法第76条第8項第三号（生命保険料控除）に規定する政令で定める要件は、前条各号に掲げる契約に基づく同項第一号に定める個人に対する年金の支払を次のいずれかとするものであることとする。 一 当該年金の受取人の年齢が60歳に達した日の属する年の1月1日以後の日（60歳に達した日が同年の1月1日から6月30日までの間である場合にあっては、同年の前年7月1日以後の日）で当該契約で定める日以後10年以上の期間にわたって定期に行うものであること。 二 当該年金の受取人が生存している期間にわたって定期に行うものであること。 三 第一号に定める年金の支払のほか、当該契約に係る被保険者又は被共済者の重度の障害を原因として年金の支払を開始し、かつ、当該年金の支払開始日以後10年以上の期間にわたって、又はその者が生存している期間にわたって定期に行うものであること。
所得税法施行令第351条	**（生命保険金に類する給付等）** 法第225条第1項第四号（支払調書等）に規定する政令で定める給付は、次に掲げるもの（法第28条第1項（給与所得）に規定する給与等、法第30条第1項（退職所得）に規定する退職手当等又は法第35条第3項（公的年金等の定義）に規定する公的年金等に該当するものを除く。）とする。 一 生命保険契約（法第225条第1項第四号に規定する生命保険契約をいう。次項第一号において同じ。）又は旧簡易生命保険契約（第30条第一号（非課税とされる保険金、損害賠償金等）に規定する旧簡易生命保険契約をいう。）に基づいて支払う保険金（年金を含む。）及び解約返戻金（法第174条第八号（内国法人に係る所得税の課税標準）に掲げる差益に係るものを除く。） 二 法第76条第6項第三号（生命保険料控除）に掲げる契約又は第326条第2項第二号（生命保険契約等に基づく年金に係る源泉徴収）に掲げる契約に基づいて支払う共済金（共済年金を含む。）及び解約返戻金（法第174条第八号に掲げる差益に係るものを除く。） 三 第76条第1項各号又は第2項各号（退職金共済制度等に基づく一時金で退職手当等とみなさないもの）に掲げる給付 四 旧厚生年金保険法第9章（厚生年金基金及び企業年金連合会）の規定に基づく一時金、確定給付企業年金法第3条第1項（確定給付企業年金の実施）に規定する確定

給付企業年金に係る規約に基づいて支給を受ける一時金、法人税法附則第20条第3項（退職年金等積立金に対する法人税の特例）に規定する適格退職年金契約に基づいて支給を受ける一時金又は第72条第3項第五号イからハまで（退職手当等とみなす一時金）に掲げる規定に基づいて支給を受ける一時金

五　中小企業退職金共済法第16条第1項（解約手当金）に規定する解約手当金又は第74条第5項（特定退職金共済団体の承認）に規定する特定退職金共済団体が行うこれに類する給付

六　小規模企業共済法第12条第1項（解約手当金）に規定する解約手当金

七　確定拠出年金法附則第2条の2第2項及び第3条第2項（脱退一時金）に規定する脱退一時金

八　第20条第2項（非課税とされる業務上の傷害に基づく給付等）に規定する共済制度に係る同項の脱退一時金

九　租税特別措置法第29条の3（勤労者が受ける財産形成給付金等に係る課税の特例）に規定する財産形成給付金又は第一種財産形成基金給付金若しくは第二種財産形成基金給付金

2　法第225条第1項第五号に規定する政令で定める給付は、次に掲げるものとする。

一　損害保険契約等（法第76条第6項第四号に掲げる契約で生命保険契約以外のもの、法第77条第2項各号（地震保険料控除）に掲げる契約及び第326条第2項各号（第二号を除く。）に掲げる契約をいう。次号において同じ。）及び法第225条第1項第五号に規定する少額短期保険業者の締結した同号に規定する損害保険契約の第184条第4項（満期返戻金等に係る一時所得の金額の計算上控除する保険料等）に規定する満期返戻金等（法第174条第八号に掲げる差益に係るものを除く。）

二　損害保険契約等に基づく年金である中途返戻金（当該年金に係る損害保険契約等の保険期間の満了後に支払われる満期返戻金を含む。）

| 所得税基本通達9-19 | **（必要経費に算入される金額を補てんするための金額の範囲）**
　令第30条本文かっこ内に規定する「必要経費に算入される金額を補てんするための金額」とは、例えば、心身又は資産の損害に基因して休業する場合にその休業期間中における使用人の給料、店舗の賃借料その他通常の維持管理に要する費用をほてんするものとして計算された金額のようなものをいい、法第51条第1項又は第4項《資産損失の必要経費算入》の規定によりこれらの項に規定する損失の金額の計算上控除される保険金、損害賠償金その他これらに類するものは、これに含まれない。（平元直所3-14、直法6-9、直資3-8、平23課個2-33、課法9-9、課審4-46改正）|

所得税基本通達34-1	(一時所得の例示)
	次に掲げるようなものに係る所得は，一時所得に該当する。（昭49直所2-23，昭55直所3-19，法法6-8，平11課所4-1，平17課個2-23，課資3-5，課法8-6，課審4-113，平18課個2-18，課資3-10，課審4-114，平23課個2-33，課法9-9，課審4-46，平27課個2-8，課審5-9，平30課個2-17，課審5-1改正）

(1) 　懸賞の賞金品，福引の当選金品等（業務に関して受けるものを除く。）

(2) 　競馬の馬券の払戻金，競輪の車券の払戻金等（営利を目的とする継続的行為から生じたものを除く。）

(注)

1 　馬券を自動的に購入するソフトウエアを使用して定めた独自の条件設定と計算式に基づき，又は予想の確度の高低と予想が的中した際の配当率の大小の組合せにより定めた購入パターンに従って，偶然性の影響を減殺するために，年間を通じてほぼ全てのレースで馬券を購入するなど，年間を通じての収支で利益が得られるように工夫しながら多数の馬券を購入し続けることにより，年間を通じての収支で多額の利益を上げ，これらの事実により，回収率が馬券の当該購入行為の期間総体として100％を超えるように馬券を購入し続けてきたことが客観的に明らかな場合の競馬の馬券の払戻金に係る所得は，営利を目的とする継続的行為から生じた所得として雑所得に該当する。

2 　上記（注）1以外の場合の競馬の馬券の払戻金に係る所得は，一時所得に該当することに留意する。

3 　競輪の車券の払戻金等に係る所得についても，競馬の馬券の払戻金に準じて取り扱うことに留意する。

(3) 　労働基準法第114条《付加金の支払》の規定により支払を受ける付加金

(4) 　令第183条第2項《生命保険契約等に基づく一時金に係る一時所得の金額の計算》に規定する生命保険契約等に基づく一時金（業務に関して受けるものを除く。）及び令第184条第4項《損害保険契約等に基づく満期返戻金等》に規定する損害保険契約等に基づく満期返戻金等

(5) 　法人からの贈与により取得する金品（業務に関して受けるもの及び継続的に受けるものを除く。）

(6) 　人格のない社団等の解散により受けるいわゆる清算分配金又は脱退により受ける持分の払戻金

(7) 　借家人が賃貸借の目的とされている家屋の立退きに際し受けるいわゆる立退料（その立退きに伴う業務の休止等により減少することとなる借家人の収入金額又は業務の休止期間中に使用人に支払う給与等借家人の各種所得の金額の計算上必要経費に算入される金額をほてんするための金額及び令第95条《譲渡所得の収入金額とされる補償金等》に規定する譲渡所得に係る収入金額に該当する部分の金額を除く。）

105

<table>
<tr><td></td><td>

(注)

1　収入金額又は必要経費に算入される金額をほてんするための金額は，その業務に係る各種所得の金額の計算上総収入金額に算入される。

2　令第95条に規定する譲渡所得に係る収入金額に該当する立退料については，33-6参照

(8)　民法第557条《手付》の規定により売買契約が解除された場合に当該契約の当事者が取得する手付金又は償還金（業務に関して受けるものを除く。）

(9)　法第42条第1項《国庫補助金等の総収入金額不算入》又は第43条第1項《条件付国庫補助金等の総収入金額不算入》に規定する国庫補助金等のうちこれらの規定の適用を受けないもの及び第44条《移転等の支出に充てるための交付金の総収入金額不算入》に規定する資産の移転等の費用に充てるため受けた交付金のうちその交付の目的とされた支出に充てられなかったもの

(10)　遺失物拾得者又は埋蔵物発見者が受ける報労金

(11)　遺失物の拾得又は埋蔵物の発見により新たに所有権を取得する資産

(12)　地方税法第41条第1項《個人の道府県民税の賦課徴収》，同法第321条第2項《個人の市町村民税の納期前の納付》及び同法第365条第2項《固定資産税に係る納期前の納付》の規定により交付を受ける報奨金（業務用固定資産に係るものを除く。）

(注)　発行法人から株式等を取得する権利を与えられた場合（株主等として与えられた場合（23～35共－8参照）を除く。）の経済的利益の所得区分については，23～35共－6参照

</td></tr>
<tr><td>

所得税基本通達57の3-2

</td><td>

（外貨建取引の円換算）

法第57条の3第1項《外貨建取引の換算》の規定に基づく円換算（同条第2項の規定の適用を受ける場合の円換算を除く。）は，その取引を計上すべき日（以下この項において「取引日」という。）における対顧客直物電信売相場（以下57の3-7までにおいて「電信売相場」という。）と対顧客直物電信買相場（以下57の3-7までにおいて「電信買相場」という。）の仲値（以下57の3-7までにおいて「電信売買相場の仲値」という。）による。

ただし，不動産所得，事業所得，山林所得又は雑所得を生ずべき業務に係るこれらの所得の金額（以下57の3-3までにおいて「不動産所得等の金額」という。）の計算においては，継続適用を条件として，売上その他の収入又は資産については取引日の電信買相場，仕入その他の経費（原価及び損失を含む。以下57の3-4までにおいて同じ。）又は負債については取引日の電信売相場によることができるものとする。（平18課個2-7，課資3-2，課審4-89追加）

(注)

1　電信売相場，電信買相場及び電信売買相場の仲値については，原則として，その者の主たる取引金融機関のも

</td></tr>
</table>

	のによることとするが，合理的なものを継続して使用している場合には，これを認める。
	2　不動産所得等の金額の計算においては，継続適用を条件として，当該外貨建取引の内容に応じてそれぞれ合理的と認められる次のような外国為替の売買相場（以下57の3-7までにおいて「為替相場」という。）も使用することができる。
	(1)　取引日の属する月若しくは週の前月若しくは前週の末日又は当月若しくは当週の初日の電信買相場若しくは電信売相場又はこれらの日における電信売買相場の仲値
	(2)　取引日の属する月の前月又は前週の平均相場のように1月以内の一定期間における電信売買相場の仲値，電信買相場又は電信売相場の平均値
	3　円換算に係る当該日（為替相場の算出の基礎とする日をいう。以下この（注）3において同じ。）の為替相場については，次に掲げる場合には，それぞれ次によるものとする。以下57の3-7までにおいて同じ。
	(1)　当該日に為替相場がない場合には，同日前の最も近い日の為替相場による。
	(2)　当該日に為替相場が2以上ある場合には，その当該日の最終の相場（当該日が取引日である場合には，取引発生時の相場）による。ただし，取引日の相場については，取引日の最終の相場によっているときもこれを認める。
	4　本邦通貨により外国通貨を購入し直ちに資産を取得し若しくは発生させる場合の当該資産，又は外国通貨による借入金に係る当該外国通貨を直ちに売却して本邦通貨を受け入れる場合の当該借入金については，現にその支出し，又は受け入れた本邦通貨の額をその円換算額とすることができる。
	5　いわゆる外貨建て円払いの取引は，当該取引の円換算額を外貨建取引の円換算の例に準じて見積もるものとする。この場合，その見積額と当該取引に係る債権債務の実際の決済額との間に差額が生じたときは，その差額は当該債権債務の決済をした日の属する年分の各種所得の金額の計算上総収入金額又は必要経費に算入する。
所得税基本通達76-3	**（支払った生命保険料等の金額）** 　法第76条第1項第一号に規定する「支払った新生命保険料の金額」，同項第二号に規定する「支払った旧生命保険料の金額」，同条第2項各号に規定する「支払った介護医療保険料の金額」，同条第3項第一号に規定する「支払った新個人年金保険料の金額」又は同項第二号に規定する「支払った旧個人年金保険料の金額」については，次による。（昭60直所3-1，直法6-1，直資3-1，平2直法6-5，直所3-6，平23課個2-33，課法9-9，課審4-46改正） (1)　生命保険契約等（法第76条第5項に規定する「新生命保険契約等」（76-6において「新生命保険契約等」という。），同条第6項に規定する「旧生命保険契約等」（76-6において「旧生命保険契約等」という。），同条第7項

に規定する「介護医療保険契約等」（76-6において「介護医療保険契約等」という。），同条第8項に規定する「新個人年金保険契約等」（76-6及び76-8において「新個人年金保険契約等」という。）及び旧個人年金保険契約等をいう。76-5，76-7及び76-8において同じ。）に基づく保険料又は掛金（以下76-6までにおいて「生命保険料等」という。）で払込期日が到来したものであっても，現実に支払っていないものは含まれない。

(2) その年中にいわゆる振替貸付けにより生命保険料等の払込みに充当した金額は，その年において支払った金額とする。

(注)

1 いわゆる振替貸付けとは，払込期日までに生命保険料等の払込みがない契約を有効に継続させるため，保険約款等に定めるところにより保険会社等が生命保険料等の払込みに充当するために貸付けを行い，その生命保険料等の払込みに充当する処理を行うことをいう。

2 いわゆる振替貸付けにより生命保険料等に充当した金額を後日返済しても，その返済した金額は支払った生命保険料等には該当しない。

(3) 前納した生命保険料等については，次の算式により計算した金額をその年において支払った金額とする。

前納した生命保険料等の総額（前納により割引された場合にはその割引後の金額）×（前納した生命保険料等に係るその年中に到来する払込期日の回数）÷（前納した生命保険料等に係る払込期日の総回数）

(注) 前納した生命保険料等とは，各払込期日が到来するごとに生命保険料等の払込みに充当するものとしてあらかじめ保険会社等に払い込んだ金額で，まだ充当されない残額があるうちに保険事故が生じたなどにより生命保険料等の払込みを要しないこととなった場合に当該残額に相当する金額が返還されることとなっているものをいう。

(4) いわゆる団体扱いにより生命保険料等を払い込んだ場合において，生命保険料等の額が減額されるときは，その減額後の額を支払った金額とする。

生保年金最高裁判決への対応等について	**（最高裁判決（平成22年7月6日）の要旨）** (1) 所得税法第9条第1項第十五号（現行第十六号）にいう「相続，遺贈又は個人からの贈与により取得するもの」とは，相続等により取得し又は取得したものとみなされる財産そのものを指すのではなく，当該財産の取得によりその者に帰属する所得を指すものと解される。そして，当該財産の取得によりその者に帰属する所得とは，当該財産の取得の時における価額に相当する経済的価値にほかならず，これは相続税又は贈与税の課税対象となるものであるから，同号の趣旨は，相続税又は贈与税の課税対象となる経済的価値に対しては所得税を課さないこととして，同一の経済的価値に対する相続税又は贈

	税と所得税との二重課税を排除したものであると解される。
	(2) 年金の方法により支払を受ける保険金（年金受給権）のうち有期定期金債権に当たるものについては、相続税法（平成22年度改正前の相続税法）第24条第1項第一号の規定により、その残存期間に応じ、受けるべき年金の総額に同号所定の割合を乗じて計算した金額が当該年金受給権の価額として相続税の課税対象となるが、この価額は、当該年金受給権の取得の時における時価、すなわち、将来にわたって受け取るべき年金の金額を被相続人死亡時の現在価値に引き直した金額の合計額に相当し、その価額とその残存期間に受けるべき年金の総額との差額は、当該各年金の当該現在価値をそれぞれ元本とした場合の運用益の合計額に相当するものとして規定されているものと解される。
	(3) したがって、年金の各支給額のうち現在価値に相当する部分は、相続税の課税対象となる経済的価値と同一のものということができ、所得税法第9条第1項第十五号（現行第十六号）により所得税の課税対象とならないものというべきである。
	(4) 本件年金は、被相続人の死亡日を支給日とする第1回目の年金であるから、その支給額と被相続人死亡時の現在価値とが一致するものと解される。そうすると、本件年金の額は、すべて所得税の課税対象とならないから、これに対して所得税を課すことは許されないというべきである。
昭和58年国税庁事務連絡	**（生命保険料の負担者の判定について）** 1. 被相続人の死亡又は生命保険契約の満期により保険金等を取得した場合、もしくは保険事故は発生していないが保険料の負担者が死亡した場合において、当該生命保険金又は当該生命保険契約に関する権利の課税に当たっては、それぞれ保険料の負担者からそれらを相続、遺贈又は贈与により取得したものとみなして、相続税又は贈与税を課税することとしている（相法3(1)一、三、5）。 ※生命保険金を受け取った者が保険料を負担している場合には、所得税（一時所得又は雑所得）が課税される。 2. 生命保険契約の締結にあたっては、生計を維持している父親等が契約者となり、被保険者は父親等、受取人は子供等としてその保険料の支払いは父親等が負担している、というのが通例である。このような場合には、保険料の支払いについて、父親等と子供等との間に贈与関係は生じないとして、相続税法の規定に基づき、保険事故発生時を課税時期としてとらえ、保険金を受け取った子供等に対して相続税又は贈与税を課税することとしている。 3. ところが、最近、保険料支払能力のない子供等を契約者および受取人とした生命保険契約を父親等が締結し、その支払保険料については、父親等が子供等に現金を贈

109

与し，その現金を保険料の支払いに充てるという事例が見受けられるようになった。

4．この場合の支払保険料の負担者の判定については，過去の保険料の支払資金は父親等から贈与を受けた現金を充てていた旨，子供等（納税者）から主張があった場合は，事実関係を検討の上，例えば，(1)毎年の贈与契約書，(2)過去の贈与税申告書，(3)所得税の確定申告等における生命保険料控除の状況，(4)その他贈与の事実が認定できるものなどから贈与事実の心証が得られたものは，これを認めることとする。

平成27年5月28日　東京国税局事前照会回答	**（保険料負担者（保険契約者）以外の者が受け取る生存給付金の課税上の取扱いについて）** ①事前照会の趣旨（法令解釈・適用上の疑義の要約及び事前照会者の求める見解の内容） 　当社が販売を予定している生存給付金付特別終身保険（以下「本件保険」といいます。）は，終身保険に生存給付金を組み込んだ保険料払込方法が一時払の生命保険契約です。 　本件保険における生存給付金は，「生存給付金支払期間中の毎年の保険年度の満了時における被保険者の生存」を支払事由としており，当該支払事由の発生を条件として，当該支払事由の発生の都度，保険契約者があらかじめ指定した生存給付金の受取人に当該生存給付金が支払われることとなります。また，生存給付金の受取人については，保険契約者が保険契約時に保険契約者本人又は保険契約者以外の者のうちから1名を任意で指定することとなっていますが，当該指定後も，保険契約者は，当社に対して通知を行うことにより，その通知以後に生じる支払事由に係る生存給付金について，その受取人を変更することができます。なお，生存給付金支払期間の途中で被保険者が死亡した場合，被保険者が生存していた場合に支払われる残りの期間に係る生存給付金については，死亡保険金として，保険契約者があらかじめ指定した死亡保険金の受取人に支払われることとなります。 　つきましては，本件保険における生存給付金のうち，生存給付金受取人が保険料負担者（保険契約者）以外の者である場合に当該生存給付金受取人が支払を受ける生存給付金（以下，この場合の生存給付金を「本件生存給付金」といいます。）の課税関係については，本件生存給付金の支払事由の発生の都度，当該生存給付金受取人が本件生存給付金を保険料負担者（保険契約者）から贈与により取得したものとみなされ，贈与税の課税対象になるものと解してよろしいか伺います。 ②事前照会に係る取引等の事実関係（取引等関係者の名称，取引等における権利・義務関係等） （略） ③②の事実関係に対して事前照会者の求める見解となることの理由

(1)法令の規定等

　　相続税法第5条第1項は、生命保険契約の保険事故（傷害、疾病その他これらに類する保険事故で死亡を伴わないものを除く。）が発生した場合において、これらの契約に係る保険料の全部又は一部が保険金受取人以外の者によって負担されたものであるときは、これらの保険事故が発生した時において、保険金受取人が、その取得した保険金のうち当該保険金受取人以外の者が負担した保険料の金額のこれらの契約に係る保険料でこれらの保険事故が発生した時までに払い込まれたものの全額に対する割合に相当する部分を当該保険料を負担した者から贈与により取得したものとみなす旨規定しています。

　　また、相続税法第3条第1項第一号は、相続税法における「生命保険契約」とは、保険業法第2条第3項に規定する生命保険会社と締結した保険契約その他の政令で定める契約をいう旨規定しています。

　　当社は保険業法第2条第3項に規定する生命保険会社であり、また、本件生存給付金に係る支払事由（保険事故）は「被保険者が生存給付金支払期間中の毎年の保険年度の満了時に生存していること」であるため、当該支払事由（保険事故）は、傷害、疾病その他これらに類するものではないと考えます。したがって、本件保険に係る契約及び本件生存給付金の支払事由（保険事故）は、それぞれ相続税法第5条第1項に規定する生命保険契約及び保険事故に該当するものと考えられます。

(2)本件生存給付金の課税関係

　　ところで、相続税法第24条には、定期金給付契約に関する権利（給付事由が発生しているもの）の評価方法が規定されているところ、相続税法基本通達24-1は、「定期金給付契約に関する権利」とは契約によりある期間定期的に金銭その他の給付を受けることを目的とする債権をいい、毎期に受ける支分債権ではなく、基本債権をいう旨定めています。

　　ここで、本件生存給付金の支払事由は、上記(1)のとおり、生存給付金支払期間中の毎年の保険年度の満了時における被保険者の生存であるため、本件生存給付金の支払請求権は、毎年の保険年度の満了時にその都度発生することになります。言い換えれば、本件生存給付金の受取人は、毎年の保険年度の満了時までは、本件生存給付金について何ら権利を有しません。また、本件生存給付金支払期間中における被保険者の死亡により本件生存給付金の支払事由が発生しなかった場合、被保険者が生存していた場合に支払われる残存期間に係る生存給付金については、死亡保険金として死亡保険金の受取人に支払われることとなり、本件生存給付金の受取人が支払を受けることはありません。

　　これらのことからすれば、本件生存給付金は、定期金給付契約に関する権利、すなわち契約によりある期間定期的に金銭その他の給付を受けることを目的とする債権を取得し、これを行使することにより受け取るものでは

なく，本件生存給付金支払期間中の毎年の保険年度の満了時における被保険者の生存という支払事由（保険事故）の発生の都度，本件生存給付金の受取人が本件生存給付金を保険料負担者（保険契約者）から贈与により取得したものとみなし，贈与税の課税対象になるものと解するのが相当であると考えます。

④関係する法令条項等

相続税法第３条第１項第１号

相続税法第５条

相続税法第24条

相続税法基本通達24-1

保険業法第２条第３項

| 相続税法第３条 | **（相続又は遺贈により取得したものとみなす場合）**
　次の各号のいずれかに該当する場合においては，当該各号に掲げる者が，当該各号に掲げる財産を相続又は遺贈により取得したものとみなす。この場合において，その者が相続人（相続を放棄した者及び相続権を失った者を含まない。第15条，第16条，第19条の２第１項，第19条の３第１項，第19条の４第１項及び第63条の場合並びに「第15条第２項に規定する相続人の数」という場合を除き，以下同じ。）であるときは当該財産を相続により取得したものとみなし，その者が相続人以外の者であるときは当該財産を遺贈により取得したものとみなす。
　一　被相続人の死亡により相続人その他の者が生命保険契約（保険業法（平成７年法律第105号）第２条第３項（定義）に規定する生命保険会社と締結した保険契約（これに類する共済に係る契約を含む。以下同じ。）その他の政令で定める契約をいう。以下同じ。）の保険金（共済金を含む。以下同じ。）又は損害保険契約（同条第４項に規定する損害保険会社と締結した保険契約その他の政令で定める契約をいう。以下同じ。）の保険金（偶然な事故に基因する死亡に伴い支払われるものに限る。）を取得した場合においては，当該保険金受取人（共済金受取人を含む。以下同じ。）について，当該保険金（次号に掲げる給与及び第５号又は第６号に掲げる権利に該当するものを除く。）のうち被相続人が負担した保険料（共済掛金を含む。以下同じ。）の金額の当該契約に係る保険料で被相続人の死亡の時までに払い込まれたものの全額に対する割合に相当する部分
　二　被相続人の死亡により相続人その他の者が当該被相続人に支給されるべきであった退職手当金，功労金その他これらに準ずる給与（政令で定める給付を含む。）で被相続人の死亡後３年以内に支給が確定したものの支給を受けた場合においては，当該給与の支給を受けた者について，当該給与
　三　相続開始の時において，まだ保険事故（共済事故を含む。以下同じ。）が発生していない生命保険契約（一定期間内に保険事故が発生しなかった場合において返還金そ |

の他これに準ずるものの支払がない生命保険契約を除く。）で被相続人が保険料の全部又は一部を負担し，かつ，被相続人以外の者が当該生命保険契約の契約者であるものがある場合においては，当該生命保険契約の契約者について，当該契約に関する権利のうち被相続人が負担した保険料の金額の当該契約に係る保険料で当該相続開始の時までに払い込まれたものの全額に対する割合に相当する部分

四　相続開始の時において，まだ定期金給付事由が発生していない定期金給付契約（生命保険契約を除く。）で被相続人が掛金又は保険料の全部又は一部を負担し，かつ，被相続人以外の者が当該定期金給付契約の契約者であるものがある場合においては，当該定期金給付契約の契約者について，当該契約に関する権利のうち被相続人が負担した掛金又は保険料の金額の当該契約に係る掛金又は保険料で当該相続開始の時までに払い込まれたものの全額に対する割合に相当する部分

五　定期金給付契約で定期金受取人に対しその生存中又は一定期間にわたり定期金を給付し，かつ，その者が死亡したときはその死亡後遺族その他の者に対して定期金又は一時金を給付するものに基づいて定期金受取人たる被相続人の死亡後相続人その他の者が定期金受取人又は一時金受取人となった場合においては，当該定期金受取人又は一時金受取人となった者について，当該定期金給付契約に関する権利のうち被相続人が負担した掛金又は保険料の金額の当該契約に係る掛金又は保険料で当該相続開始の時までに払い込まれたものの全額に対する割合に相当する部分

六　被相続人の死亡により相続人その他の者が定期金（これに係る一時金を含む。）に関する権利で契約に基づくもの以外のもの（恩給法（大正12年法律第48号）の規定による扶助料に関する権利を除く。）を取得した場合においては，当該定期金に関する権利を取得した者について，当該定期金に関する権利（第二号に掲げる給与に該当するものを除く。）

2　前項第一号又は第三号から第五号までの規定の適用については，被相続人の被相続人が負担した保険料又は掛金は，被相続人が負担した保険料又は掛金とみなす。ただし，同項第三号又は第四号の規定により当該各号に掲げる者が当該被相続人の被相続人から当該各号に掲げる財産を相続又は遺贈により取得したものとみなされた場合においては，当該被相続人の被相続人が負担した保険料又は掛金については，この限りでない。

3　第一項第三号又は第四号の規定の適用については，被相続人の遺言により払い込まれた保険料又は掛金は，被相続人が負担した保険料又は掛金とみなす。

相続税法第4条	（遺贈により取得したものとみなす場合） 民法第958条の３第１項（特別縁故者に対する相続財産の

分与）の規定により同項に規定する相続財産の全部又は一部を与えられた場合においては，その与えられた者が，その与えられた時における当該財産の時価（当該財産の評価について第3章に特別の定めがある場合には，その規定により評価した価額）に相当する金額を当該財産に係る被相続人から遺贈により取得したものとみなす。

2　特別寄与者が支払を受けるべき特別寄与料の額が確定した場合においては，当該特別寄与者が，当該特別寄与料の額に相当する金額を当該特別寄与者による特別の寄与を受けた被相続人から遺贈により取得したものとみなす。

相続税法第5条	**(贈与により取得したものとみなす場合)** 　生命保険契約の保険事故（傷害，疾病その他これらに類する保険事故で死亡を伴わないものを除く。）又は損害保険契約の保険事故（偶然な事故に基因する保険事故で死亡を伴うものに限る。）が発生した場合において，これらの契約に係る保険料の全部又は一部が保険金受取人以外の者によって負担されたものであるときは，これらの保険事故が発生した時において，保険金受取人が，その取得した保険金（当該損害保険契約の保険金については，政令で定めるものに限る。）のうち当該保険金受取人以外の者が負担した保険料の金額のこれらの契約に係る保険料でこれらの保険事故が発生した時までに払い込まれたものの全額に対する割合に相当する部分を当該保険料を負担した者から贈与により取得したものとみなす。 2　前項の規定は，生命保険契約又は損害保険契約（傷害を保険事故とする損害保険契約で政令で定めるものに限る。）について返還金その他これに準ずるものの取得があった場合について準用する。 3　前2項の規定の適用については，第1項（前項において準用する場合を含む。）に規定する保険料を負担した者の被相続人が負担した保険料は，その者が負担した保険料とみなす。ただし，第3条第1項第三号の規定により前2項に規定する保険金受取人又は返還金その他これに準ずるものの取得者が当該被相続人から同号に掲げる財産を相続又は遺贈により取得したものとみなされた場合においては，当該被相続人が負担した保険料については，この限りでない。 4　第1項の規定は，第3条第1項第一号又は第二号の規定により第1項に規定する保険金受取人が同条第1項第一号に掲げる保険金又は同項第二号に掲げる給与を相続又は遺贈により取得したものとみなされる場合において，当該保険金又は給与に相当する部分については，適用しない。
相続税法第12条	**(相続税の非課税財産)** 　次に掲げる財産の価額は，相続税の課税価格に算入しない。

114

	一　皇室経済法（昭和22年法律第四号）第7条（皇位に伴う由緒ある物）の規定により皇位とともに皇嗣が受けた物
	二　墓所，霊びょう及び祭具並びにこれらに準ずるもの
	三　宗教，慈善，学術その他公益を目的とする事業を行う者で政令で定めるものが相続又は遺贈により取得した財産で当該公益を目的とする事業の用に供することが確実なもの
	四　条例の規定により地方公共団体が精神又は身体に障害のある者に関して実施する共済制度で政令で定めるものに基づいて支給される給付金を受ける権利
	五　相続人の取得した第3条第1項第一号に掲げる保険金（前号に掲げるものを除く。以下この号において同じ。）については，イ又はロに掲げる場合の区分に応じ，イ又はロに定める金額に相当する部分
	イ　第3条第1項第一号の被相続人のすべての相続人が取得した同号に掲げる保険金の合計額が500万円に当該被相続人の第15条第2項に規定する相続人の数を乗じて算出した金額（ロにおいて「保険金の非課税限度額」という。）以下である場合　当該相続人の取得した保険金の金額
	ロ　イに規定する合計額が当該保険金の非課税限度額を超える場合　当該保険金の非課税限度額に当該合計額のうちに当該相続人の取得した保険金の合計額の占める割合を乗じて算出した金額
	六　相続人の取得した第3条第1項第二号に掲げる給与（以下この号において「退職手当金等」という。）については，イ又はロに掲げる場合の区分に応じ，イ又はロに定める金額に相当する部分
	イ　第3条第1項第二号の被相続人のすべての相続人が取得した退職手当金等の合計額が500万円に当該被相続人の第15条第2項に規定する相続人の数を乗じて算出した金額（ロにおいて「退職手当金等の非課税限度額」という。）以下である場合　当該相続人の取得した退職手当金等の金額
	ロ　イに規定する合計額が当該退職手当金等の非課税限度額を超える場合　当該退職手当金等の非課税限度額に当該合計額のうちに当該相続人の取得した退職手当金等の合計額の占める割合を乗じて算出した金額
	2　前項第三号に掲げる財産を取得した者がその財産を取得した日から2年を経過した日において，なお当該財産を当該公益を目的とする事業の用に供していない場合においては，当該財産の価額は，課税価格に算入する。
相続税法第24条	**（定期金に関する権利の評価）** 　定期金給付契約で当該契約に関する権利を取得した時において定期金給付事由が発生しているものに関する権利の価額は，次の各号に掲げる定期金又は一時金の区分に応じ，当該各号に定める金額による。

一 有期定期金 次に掲げる金額のうちいずれか多い金額
イ 当該契約に関する権利を取得した時において当該契約
　を解約するとしたならば支払われるべき解約返戻金の金
　額
ロ 定期金に代えて一時金の給付を受けることができる場
　合には，当該契約に関する権利を取得した時において当
　該一時金の給付を受けるとしたならば給付されるべき当
　該一時金の金額
ハ 当該契約に関する権利を取得した時における当該契約
　に基づき定期金の給付を受けるべき残りの期間に応じ，
　当該契約に基づき給付を受けるべき金額の1年当たりの
　平均額に，当該契約に係る予定利率による複利年金現価
　率（複利の計算で年金現価を算出するための割合として
　財務省令で定めるものをいう。第三号ハにおいて同じ。）
　を乗じて得た金額
二 無期定期金 次に掲げる金額のうちいずれか多い金額
イ 当該契約に関する権利を取得した時において当該契約
　を解約するとしたならば支払われるべき解約返戻金の金
　額
ロ 定期金に代えて一時金の給付を受けることができる場
　合には，当該契約に関する権利を取得した時において当
　該一時金の給付を受けるとしたならば給付されるべき当
　該一時金の金額
ハ 当該契約に関する権利を取得した時における，当該契
　約に基づき給付を受けるべき金額の1年当たりの平均額
　を，当該契約に係る予定利率で除して得た金額
三 終身定期金 次に掲げる金額のうちいずれか多い金額
イ 当該契約に関する権利を取得した時において当該契約
　を解約するとしたならば支払われるべき解約返戻金の金
　額
ロ 定期金に代えて一時金の給付を受けることができる場
　合には，当該契約に関する権利を取得した時において当
　該一時金の給付を受けるとしたならば給付されるべき当
　該一時金の金額
ハ 当該契約に関する権利を取得した時におけるその目的
　とされた者に係る余命年数として政令で定めるものに応
　じ，当該契約に基づき給付を受けるべき金額の1年当た
　りの平均額に，当該契約に係る予定利率による複利年金
　現価率を乗じて得た金額
四 第3条第1項第五号に規定する一時金 その給付金額
2 前項に規定する定期金給付契約に関する権利で同項第
　三号の規定の適用を受けるものにつき，その目的とされ
　た者が当該契約に関する権利を取得した時後第27条第1
　項又は第28条第1項に規定する申告書の提出期限までに
　死亡し，その死亡によりその給付が終了した場合におい
　ては，当該定期金給付契約に関する権利の価額は，同号
　の規定にかかわらず，その権利者が当該契約に関する権
　利を取得した時後給付を受け，又は受けるべき金額（当
　該権利者の遺族その他の第三者が当該権利者の死亡によ

<table>
<tr><td></td><td>り給付を受ける場合には，その給付を受け，又は受けるべき金額を含む。）による。

3　第1項に規定する定期金給付契約に関する権利で，その権利者に対し，一定期間，かつ，その目的とされた者の生存中，定期金を給付する契約に基づくものの価額は，同項第一号に規定する有期定期金として算出した金額又は同項第三号に規定する終身定期金として算出した金額のいずれか少ない金額による。

4　第1項に規定する定期金給付契約に関する権利で，その目的とされた者の生存中定期金を給付し，かつ，その者が死亡したときはその権利者又はその遺族その他の第三者に対し継続して定期金を給付する契約に基づくものの価額は，同項第一号に規定する有期定期金として算出した金額又は同項第三号に規定する終身定期金として算出した金額のいずれか多い金額による。

5　前各項の規定は，第3条第1項第六号に規定する定期金に関する権利で契約に基づくもの以外のものの価額の評価について準用する。</td></tr>
<tr><td>相続税法第
59条</td><td>（調書の提出）
　次の各号に掲げる者でこの法律の施行地に営業所，事務所その他これらに準ずるもの（以下この項及び次項において「営業所等」という。）を有するものは，その月中に支払った生命保険契約若しくは損害保険契約の保険金のうち政令で定めるもの又は支給した退職手当金等（第3条第1項第二号に掲げる給与をいう。以下この項において同じ。）について，翌月15日までに，財務省令で定めるところにより作成した当該各号に定める調書を当該調書を作成した営業所等の所在地の所轄税務署長に提出しなければならない。ただし，保険金額又は退職手当金等の金額が財務省令で定める額以下である場合は，この限りでない。
一　保険会社等　支払った保険金（退職手当金等に該当するものを除く。）に関する受取人別の調書
二　退職手当金等を支給した者　支給した退職手当金等に関する受給者別の調書
2　保険会社等でこの法律の施行地に営業所等を有するものは，生命保険契約又は損害保険契約の契約者が死亡したことに伴いこれらの契約の契約者の変更の手続を行った場合には，当該変更の効力が生じた日の属する年の翌年1月31日までに，財務省令で定めるところにより作成した調書を当該調書を作成した営業所等の所在地の所轄税務署長に提出しなければならない。ただし，当該変更の手続を行った生命保険契約又は損害保険契約が，解約返戻金に相当する金額が一定金額以下のものである場合その他の財務省令で定めるものである場合は，この限りでない。
3　信託の受託者でこの法律の施行地に当該信託の事務を行う営業所，事務所，住所，居所その他これらに準ずるもの（以下この項において「営業所等」という。）を有す</td></tr>
</table>

るものは，次に掲げる事由が生じた場合には，当該事由が生じた日の属する月の翌月末日までに，財務省令で定める様式に従って作成した受益者別（受益者としての権利を現に有する者の存しない信託にあっては，委託者別）の調書を当該営業所等の所在地の所轄税務署長に提出しなければならない。ただし，信託に関する権利又は信託財産の価額が一定金額以下であることその他の財務省令で定める事由に該当する場合は，この限りでない。

一　信託の効力が生じたこと（当該信託が遺言によりされた場合にあっては，当該信託の引受けがあつたこと。）。

二　第九条の二第一項に規定する受益者等が変更されたこと（同項に規定する受益者等が存するに至った場合又は存しなくなった場合を含む。）。

三　信託が終了したこと（信託に関する権利の放棄があった場合その他政令で定める場合を含む。）。

四　信託に関する権利の内容に変更があったこと。

4　この法律の施行地に営業所又は事務所を有する法人は，相続税又は贈与税の納税義務者又は納税義務があると認められる者について税務署長の請求があった場合には，これらの者の財産又は債務について当該請求に係る調書を作成して提出しなければならない。

5　第1項各号，第2項又は第3項に定める調書（以下この条において単に「調書」という。）のうち，当該調書の提出期限の属する年の前々年の1月1日から12月31日までの間に提出すべきであった当該調書の枚数として財務省令で定めるところにより算出した数が千以上であるものについては，当該調書を提出すべき者は，第1項から第3項までの規定にかかわらず，当該調書に記載すべきものとされるこれらの規定に規定する事項（以下この条において「記載事項」という。）を次に掲げる方法のいずれかによりこれらの規定に規定する所轄税務署長に提供しなければならない。

一　財務省令で定めるところによりあらかじめ税務署長に届け出て行う電子情報処理組織（情報通信技術を活用した行政の推進等に関する法律（平成14年法律第151号）第6条第1項（電子情報処理組織による申請等）に規定する電子情報処理組織をいう。）を使用する方法として財務省令で定める方法

二　当該記載事項を記録した光ディスク，磁気テープその他の財務省令で定める記録用の媒体（以下この条において「光ディスク等」という。）を提出する方法

6　調書を提出すべき者（前項の規定に該当する者を除く。）は，政令で定めるところにより第1項から第3項までの規定に規定する所轄税務署長（次項において「所轄税務署長」という。）の承認を受けた場合又はこれらの規定により提出すべき調書の提出期限の属する年以前の各年のいずれかの年において前項の規定に基づき記載事項を記録した光ディスク等を提出した場合には，その者が提出すべき調書の記載事項を記録した光ディスク等の提

出をもって当該調書の提出に代えることができる。
7 　調書を提出すべき者が，政令で定めるところにより所轄税務署長の承認を受けた場合には，その者は，第一項から第三項までの規定及び第五項の規定にかかわらず，同項各号に掲げる方法のいずれかの方法により，当該調書の記載事項を財務省令で定める税務署長に提供することができる。
8 　第5項又は前項の規定により行われた記載事項の提供及び第6項の規定により行われた光ディスク等の提出については，第1項から第3項までの規定による調書の提出とみなして，これらの規定及び第70条の規定並びに国税通則法第7章の2（国税の調査）及び第128条（罰則）の規定を適用する。

財産評価基本通達214	**（生命保険契約に関する権利の評価）** 　相続開始の時において，まだ保険事故（共済事故を含む。この項において同じ。）が発生していない生命保険契約に関する権利の価額は，相続開始の時において当該契約を解約するとした場合に支払われることとなる解約返戻金の額（解約返戻金のほかに支払われることとなる前納保険料の金額，剰余金の分配額等がある場合にはこれらの金額を加算し，解約返戻金の額につき源泉徴収されるべき所得税の額に相当する金額がある場合には当該金額を減算した金額）によって評価する。（平15課評2-24追加） （注） 1 　本項の「生命保険契約」とは，相続税法第3条（相続又は遺贈により取得したものとみなす場合）第1項第一号に規定する生命保険契約をいい，当該生命保険契約には一定期間内に保険事故が発生しなかった場合において返還金その他これに準ずるものの支払がない生命保険契約は含まれないのであるから留意する。 2 　被相続人が生命保険契約の契約者である場合において，当該生命保険契約の契約者に対する貸付金若しくは保険料の振替貸付けに係る貸付金又は未払込保険料の額（いずれもその元利合計金額とする。）があるときは，当該契約者貸付金等の額について相続税法第13条（債務控除）の適用があるのであるから留意する。

著者プロフィール

山本英生税理士事務所
税理士 山本英生(やまもとひでお)

1959年愛媛県生まれ。神戸大学法学部大学院修士課程修了。
1983年明治生命(現 明治安田生命)保険相互会社入社。営業教育部
部長などを歴任。社内FPとして24年にわたり,セミナー講師・販
売教育指導などで活動。
・1級ファイナンシャルプランニング技能士
・CFP® 認定者(日本FP協会)
・厚生労働省ファイナンシャル・プランニング技能検定 技能検定
 委員
・NPO法人日本ファイナンシャル・プランナーズ協会理事
・一般社団法人金融財政事情研究会FP技能士センター運営委員

生命保険と税金ポケットブック
〈個人保険編〉

2021年1月8日 初版発行

著　者　　山本英生　山本英生税理士事務所
発行者　　楠　真一郎

発　行　　株式会社近代セールス社

〒165-0026　東京都中野区新井2-10-11　ヤシマ1804ビル4階
電話：03-6866-7586　FAX：03-6866-7596
http://www.kindai-sales.co.jp/

印刷・製本　広研印刷株式会社
装　幀　　松田陽　86graphics
ISBN978-4-7650-2190-6

乱丁・落丁本はおとりかえいたします。
本書の一部あるいは全部を無断で複製あるいは転載すること
は、法律で認められた場合を除き、著作権の侵害になります。

©2021　Hideo Yamamoto